방구석 인문학 여행

우리나라 구석구석 숨어 있는 인문학 지식

방구석 인문학 여행

남민 지음

전국이 나의 정원이다

인간의 가장 원초적인 로망이 '사랑과 여행'이라는 말이 있다. 살면서 어떤 식으로든 이 두 가지 욕망을 벗어나기가 쉽지 않다. 그래서 떠난다. 떠나는 데는 여러 가지 이유와 목적이 있겠지만 그 자체가 여정이고 여행이다. 그 길 위에서 많은 것을 보고 듣고 느끼면서 자신의 생각을 새롭게 정립한다. 그래서 여행은 늘 신선한 자극제가 되어준다.

예기치 못한 코로나 19가 전 세계를 강타하면서 이동에 큰 제약을 받고 있다. 인류의 생활 질서를 다시 짜게 만드는 공포스러운 질병이다. 이에 따라 집이나 실내에 머무는 생활이 많아졌다. 그렇다 해도 평생 집에만 갇혀 살 수 없는 것이 또한 인간이다.

여건만 되면 또 떠난다. 마음 놓고 떠날 수 있는 그날을 위해 먼저 방 안에서 떠나는 여행이 있다. 바로 독서여행이다. 여행지마다 담긴 이야기와 역사 속으로 떠나는 방 안의 독서여행은 다시 현장으로 달려가보고 싶은 욕망을 자극할 것이다.

필자는 직장생활을 하면서 오래전부터 주말을 온전히 나 자신에게 투자해왔다. 그것은 여행이었다. 일상의 거의 모든 일을 제쳐두고 떠난 여행이었다. 10여 년 동안 빠짐없는 주말 여행은 세상을 바라보는 필자의 시각을 바꾸게 했다. 세상 밖 또 하나의 세상을 보게 한 것이다. 왜 여행이 인류의 영원한 로망이라고 했는지를 알 수 있었다. 그 후 여행은 필자의 인생을 바꿔버렸다. 내적으로는 인생관을 바꿨고 외적으로는 직장을 뛰쳐나와 새로운 직업을 만들어버렸다.

코로나 우울증이란 질병까지 생겨났다. 코로나의 위협이 오랫동안 거세지만 마음마저 수세적으로 몰리면 우울증이 심화될 것이다. 이럴 때일수록 희망을 품는 일이 중요하다.

필자는 오랫동안 국내 구석구석을 산책하듯 여행하며 그곳의 이야기에 귀 기울여왔다. 마을마다 서로 다른 이야기가 있고 각각의 문화가 존재했다. 그 이야기를 따라서 다녀야 할 마을이 전국에 얼마나 많은가? 평생 다녀도 모두 다녀볼 수 없을 만큼 많다. 그래서 나의 여행은 끝이 없다. 필자는 이 사소한 것에서도 희망을 품게 된다. 내가 제대로 몰랐던 역사, 문화, 사람 살아가는 이야기를 평생 접할 수 있다니 얼마나 행복한 일인가?

그래서 전국은 나의 정원이다. 굳이 휴가 날짜를 잡지 않아도 전국 어디든 마음대로 훌쩍 떠날 수 있는 우리 땅, 우리 마을이 좋다.

이 책은 이러한 경험을 바탕으로 수년 전 출판한 후 시대의 변화에 맞춰 개정판을 낸 것이다. 개정판에서도 다 담지 못한 이야기가 아쉬움으로 남지만, 모쪼록 방 안에서 만나는 우리 땅 곳곳의 이야기가 정신적 건강을 향유하는 데 도움이 된다면 더할 나위가 없다.

길 위에서 만나는 작가, 남민

지은이의 말

차례

1장   역사가 살아 숨 쉬는 곳

2장 그곳에 가면 떠오르는 사람이 있다

3장   자연을 벗 삼아 거닐다

4장   따뜻한 이야기가 녹아 있는 곳

전주 한옥마을

제천 청풍문화재단지

공주 공산성

영주 소수서원

부여 궁남지

담양 소쇄원

문경 문경새재

제천 배론성지

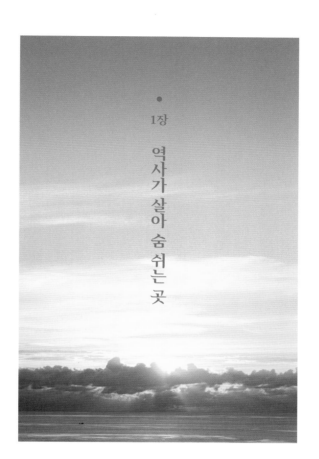

1장

역사가 살아 숨 쉬는 곳

전주 한옥마을

조선의 뿌리, 전통의 멋을 간직하다

조선의 뿌리가 깊이 박힌 땅

고려의 명장 이성계가 '체제전복'의 야심을 드러냈다. 1380년(우왕 6년) 왜구가 대규모로 침입해 지리산 일대에서 노략질을 일삼자 조정에서는 이성계를 삼도 도순찰사로 급히 파견했다. 이성계는 휘하의 여러 장수와 함께 남원 운봉으로 향했다.

고려군은 남원 운봉의 황산에서 나이는 어리지만 용맹스러운 적장 아지발도를 물리치며 대승을 거두었다. 10배나 많은 왜구와의 전투에서 승리하면서 역사는 이를 '황산대첩(荒山大捷)'으로 기록했고, 이는 남해대첩·진포대첩·홍산대첩과 함께 고려 4대 승첩 중 하나가 되

오목대(전라북도기념물 제16호)

었다.

개선장군 이성계는 개성을 향해 올라가는 길에 자신의 선조가 살았고 본관이기도 한 전주 오목대(梧木臺)에서 승전연회를 베풀었다. 이 지역 종친들도 모두 참석한 자리에서 이성계는 자신의 포부를 한(漢)나라를 세운 유방이 부른 '대풍가(大風歌)'에 실어 드러냈다. 그로부터 12년이 지난 1392년, 이성계는 왕위에 오르며 나라를 세웠다. 조선이 탄생한 것이다.

조선왕조의 뿌리는 전라북도 전주 한옥마을에서 시작되었다. 이성계는 고조부 목조가 살았던 전주 이목대(梨木臺)와 증조부 익조가 뛰어놀던 바로 옆 오목대에서 연회를 베풀며 "고향으로 돌아왔노라." 하며 노래했다. 그 노래가 조선 창업의 노래인 '용비어천가'가 되었다. 이목대와 오목대가 있는 낮은 산을 발이산(發李山)이라고 부르는데 이는 '전주 이씨의 발원지'를 뜻한다. 한옥마을 한복판에는 태조 이성계의 어진(御眞, 왕의 초상화)을 모신 사당인 경기전(慶基殿)이 있다. 이처럼 전주 한옥마을은 '조선의 뿌리'가 깊이 박힌 곳이다.

전주 한옥마을의 역사는 깊다. 조선시대까지만 해도 이 마을에는 전주부 성곽이 있었다. 역사를 더 거슬러 올라가면 후백제를 세운 견훤이 서기 900년에 완산(지금의 전주)에 도읍을 세웠다. 그리고 견훤산성을 쌓았는데 이를 고덕산성 혹은 남고산성이라고도 한다. 견훤산성은 한옥마을 남쪽을 떠받치는 고덕산(남고산)에 있다. 그러니 한옥마을 일대의 역사는 이미 1,100년 이상 된 셈이다. 또한 전주는 두 왕조(후백제·조선)의 발원지이기도 하다.

근대화 물결에도 휩쓸리지 않은 한옥마을

일제강점기 때 부촌을 형성했던 일본인들은 한옥마을의 서쪽 서문교회 쪽에 살았다. 그런데 그들은 성벽을 허물며 이 마을을 야금야금 파고들어왔다. 1920년대부터 집이 많이 들어서기 시작했고 지금도 낡은 일본식 주택이 간간이 눈에 띈다.

지금의 한옥마을 면모를 갖춘 것은 2002년 한일월드컵을 계기로 마을 정비사업을 벌이면서부터다. 전주 월드컵경기장이 생기면서 '가

눈 덮인 한옥마을

장 한국적인, 가장 전주다운 모습'을 어떻게 보여줄지를 고민하던 차에 근대화 물결에도 훼손되지 않은 한옥마을을 전 세계 사람들에게 선보이기로 했다. 단순히 관람객에게 보여주기 위한 전시용 한옥이 아닌 실제 주민들이 거주하는 집을 관광단지화해야 했기에 힘든 작업이었다.

약 780채의 한옥은 풍남동·전동·교동 3개 동에 바둑판처럼 잘 정비되어 '전국 최고의 한옥마을'이라는 명성을 얻었다. 어떤 집은 뜰을 공개하고 어떤 집은 공개하지 않는다. 또 어떤 집은 숙박업을 전문적으로 하고 있다. 한옥의 전통미와 고풍미가 현대적인 상업시설과 제법 조화를 이루고 있다. 이는 한옥마을에 주민이 살고 있기에 가능한 일이었다.

조선을 창업한 왕(태조 이성계)이 이 마을 사람의 후손이기도 하지만 조선이 저물어가던 구한말의 마지막 후손이 지금 이곳에 들어와 산다는 것이 어찌 보면 아이러니하다. 한옥마을의 '승광재(承光齋)' 현판을 건 집이 고종의 다섯째 아들 의친왕(순종의 이복동생)의 11남인 이석 선생이 사는 곳이다. 이석 선생은 1960~1970년대의 국민가요 〈비둘기집〉을 부른 인물이기도 하다.

아픈 역사를 품은 풍남문의 상흔

이제 전주 한옥마을 안으로 들어가보자. 한옥마을 서쪽 끝에는 옛날 성문이었던 풍남문이 역사의 상흔을 가린 채 아름다운 자태로 서 있다. 성의 바깥쪽에는 보물 제308호인 '풍남문(豊南門)', 안쪽에는 '호남제일성(湖南第一城)'이라는 현판이 걸려 있다. 전주에 전라감영이 있었기 때문에 붙여진 이름이다. 이 성문은 천주교 박해 때 처형된 순교자의 머리가 내걸려 사람들에게 공포심을 주기도 했던 아픈 역사의 현장이다.

풍남문에서 한옥마을 방향으로 들어오면 오른쪽에 로마네스크 양식의 전동성당이 눈길을 사로잡는다. 우리나라 천주교 최초의 순교성지로 유명하다. 지금은 전 세계 천주교도의 순례지로 사람들의 발길이 이어지고 있다. 전동성당은 한옥마을 안에 있어 순례자뿐만 아니라 일반 관람객도 많이 찾아 늘 붐빈다. 우리의 전통 한옥마을과 화려하고 이국적인 전동성당이 묘한 조화를 이루어 멋스럽다.

성당 건너편에는 태조 이성계의 어진을 모신 경기전이 별도의 담장 안에 자리하고 있다. 태조의 어진은 당시 전국 6곳에 모셨는데, 전

'호남제일성' 현판이 걸린 풍남문

주는 이씨 왕조의 고향이라는 점 때문에 어진을 모시게 되었다. 경기전은 태조의 지방 궁궐과도 같은 곳으로, 매년 전국의 전주 이씨 종친들이 모여 이곳에서 제사를 올린다. 경기전 경내에는 보물 제931호인 이성계의 어진이 있는 어진박물관과 『조선왕조실록』 사고(史庫), 예종의 태실(胎室)과 태실비도 함께 있다.

경기전의 동쪽 후문으로 나오면 교동아트센터가 있다. 이 건물은 예전 BYC 공장을 리모델링해 문화예술공간으로 탈바꿈한 것이다. 과연 예향다운 발상이다. 근처에는 지금은 작고한, 소설 『혼불』의 작가 최명희를 기리는 최명희문학관이 있고, 두 블록 뒤에는 그의 생가터가 있다. 최명희 생가터 근처 은행로에는 600년 된 은행나무가 있다. 이 나무 안쪽 집이 전주 최씨 종가다. 고려 말 낙향한 최담 선생이 이 은행나무를 심었다고 하는데, 조선왕조와 역사를 같이했다. 나무 아래에는 '소원'이라고 새겨진 하트 모양의 돌이 있다.

전통과 인문학의 만남

골목 안쪽에는 한옥 '동락원'이 있다. 솟을대문이 눈에 띄는 집으로 70~80년 정도 된 건물이다. 당시 아버지가 중학생이던 아들에게 '큰 뜻을 펼치라'며 이 솟을대문을 선물했다고 한다. 이 중학생은 자라서 전북대학 학장을 지냈는데, 이곳 주민들은 아버지의 깊은 사랑이 아들을 큰 학자로 만들었다며 귀감으로 삼고 있다.

이곳이 과거에 '전주 8학군'이던 지역이라고 한다. 현재 라한호텔

이 있는 자리가 전주여고가 있던 곳으로, 학원으로 내몰리는 서울의 '강남 8학군'과는 달리 '전주 8학군'은 부모 자식 간의 사랑으로 훌륭한 인재를 배출한 특징이 있다고 했다. 동락원의 안쪽 정원에는 예쁜 나무와 장독대가 있는데 마치 하나의 예술품처럼 느껴진다.

이 주위는 볼거리가 유난히 많다. TV 프로그램 〈1박 2일〉에도 나온 한옥생활체험관, 소리문화관, 술박물관 그리고 고종황제의 손자인 이석 선생의 집 '승광재'도 있다. 또 꽃담이 아름답기로 소문난 최부자댁의 흙담은 꼭 봐야 할 명소로, 흙담에 예쁘게 그려진 꽃잎을 볼 수 있다. 최부자댁은 한옥 10채를 사서 합친 대지 482평에 새로 집을 지었다고 하는데, 아쉽게도 내부는 일반인에게 공개하지 않고 있다.

지금까지는 태조로의 북쪽 영역이었다. 남쪽으로 내려오면 색다른 명소가 많다. '전통 한옥과 인문학의 만남이 있는 공간'이라는 점은 전주 한옥마을을 주목하게 만드는 또 하나의 특징이다. 이곳은 생활형 마을인 데다 전통한옥과 어울리는 인성교육의 장이기도 하다. 주말이면 기업 임직원이나 청소년 등 여러 수강생들이 이곳을 찾아와 1박 2일간 사서삼경 등 각종 고전 강좌를 듣는다. 전주시 전통문화연수원이 그 역할을 하고 있다.

향교 앞길에서 서쪽으로 더 나아가면 '학인당(學忍堂)'이 보인다. 학인당은 조선 말 상류층 가옥으로 목공 등 연인원 4,280여 명이 동원되어 압록강과 오대산에서 구한 목재로 2년 반에 걸쳐 지었다. 1970년대 용인민속촌으로 옮겨질 뻔했으나 주인의 반대로 이곳에 남았다. 이곳 역시 여행객에게 문은 열어주지 않는다.

근처를 돌아다니다 보면 최근 더 유명해진 '외할머니 솜씨'라는 가

한옥마을의 전경

게를 만날 수 있다. 한옥마을과 잘 어울리는 옛날 팥빙수를 사 먹으려
는 사람들이 가게 앞에 줄을 길게 서 있는 모습이다. 또 한옥마을에서
빼놓을 수 없는 먹을거리가 있다면 바로 수제 초코파이와 '센베'라고
불리는 전병인데, 이로 유명한 집이 'PNB풍년제과'다. 한옥마을 북
서쪽 끝 충경로 사거리에 있다.

제천 청풍문화재단지
호수 위에 펼쳐진 천 년의 역사기행

제천 여행 1번지, 청풍명월의 고장

옛날 풍수도사이자 왕사였던 천공 스님이 금수산(청풍호 인근)에서 도를 닦던 중이었다. 천공 스님은 일대를 굽어보더니 수려한 경치의 청풍은 살기에는 두루 좋으나 언젠가는 큰 수해를 입을 지형이어서 이 수해를 방지하기 위해 호랑이로 막아내야 한다고 예언했다. 그러고는 청풍 땅에서는 큰 부자가 나오지 않기 때문에 이곳을 떠나 살면 잘살 것이라는 말도 남겼다.

천공 스님의 예언이 있자 청풍 관아는 관문인 팔영루(八詠樓)의 문 천장에 재앙을 막아줄 호랑이를 그렸다. 호랑이 머리는 관아 쪽을, 꼬리는 바깥쪽을 향하게 그렸다. 이 호랑이의 모습은 사나운 맹수가 아닌 귀엽고 예쁜 호랑이로, 청풍 사람들의 순수함을 우회적으로 표현한 그림이다.

호랑이 머리가 관아 쪽에 있으니 마을의 모든 먹이와 물을 삼키고 마을 밖으로 배설하게 되어 수해를 막을 수 있었다. 하지만 주민들의 곡식까지 먹어버려 청풍에는 큰 부자가 없었다. 그 후 수없이 많은 대홍수가 있었지만 모두 피해 없이 잘 넘겼다. 하지만 1970년대 딱 한 번 한벽루의 기둥이 경기도 양수리까지 떠내려간 적이 있다. 그리고 1984년 충주댐이 건설되면서 청풍 일대의 강 주변이 수몰되는 바람에 마을 사람들 대다수가 제천·단양·충주 등지로 이주해 살고 있다. 과연 천공 스님의 예언이 적중한 격이다.

나는 청풍명월(淸風明月)의 고장으로 여행을 떠났다. 이는 곧 천 년 역사 속으로의 여행이다. 조상의 숨결이 고스란히 배어 있는 청풍문화재단지가 제천 여행 1번지다.

'청풍' 하면 청풍 김씨 가문의 흔적이 살아 숨 쉬는 고장이기도 하다. 충주댐이 생기면서 자손 대대로 이어오던 삶의 터전을 물속에 헌납해야 했는데, 수몰 과정에서 그들이 일궈온 각종 생활상들을 복원해놓은 곳이 바로 청풍문화재단지다. 보존 가치가 있는 고가(古家) 4채, 국가 지정 보물도 2개나 있다. 이 외에도 행정업무를 보던 관아·객사·누각·산성·고인돌·지석묘·향교 등 유물이 즐비하다. 보고 느낄 만한 소재가 무척 많다. 또한 단지 바로 옆에는 수려한 청풍호가 가슴을 탁 트이게 한다.

입구 팔영루는 원래 청풍의 관문인데 충주댐 건설로 인한 수몰을

바라보고 있자면 가슴이 탁 트이는 청풍호

피해 이곳으로 옮겨 복원했다. 그 상징성을 부여해 청풍문화재단지 관문으로 삼았다. 팔영루는 누각으로 볼 수도 있지만 관아로 들어가는 관문이었기에 문(門)이라는 데 더 큰 의미를 두고 있다. 팔영루에 들어서 천장을 보면 호랑이가 그려져 있다. 무심결에 지나칠 수 있는 이 호랑이 그림이 바로 앞에서 이야기한 청풍의 수해를 예방해주었다던 호랑이다.

한옥에 숨겨진 재미있는 비밀

팔영루를 들어서자마자 오른쪽 언덕 위에 3채의 한옥이 나란히 눈에 띈다. '一'자형, 'ㄷ'자형, 'ㄱ'자형이다. 이 중에서 가운데 위치한 'ㄷ'자형 한옥이 청풍 김씨가 살았던 한옥이다. 오래된 문패에는 '김성기(金成基)'라고 적혀 있다.

　세련된 도시 사람의 시각으로 얼핏 보면 낡은 한옥이 시시할 수도 있을 것이다. 그렇다 치더라도 5분, 10분만이라도 시간을 내서 관심을 가져보면 한옥에 숨어 있는 비밀을 엿볼 수 있다. 'ㄷ'자형 집 사립문을 들어서면 입구 쪽 좌우에 각각 부엌이 있다. 자그마한 옛날 한옥에 부엌이 2개나 있는 이유는 무엇일까? 부엌이 2~3개인 옛날 집은 주로 세 가지 의미를 갖고 있다.

　첫째는 출퇴근하는 외거노비와, 함께 사는 솔거노비에게 부엌을 내주는 경우, 둘째는 3대 또는 4대 대가족이 살아서 며느리에게 따로 부엌을 내주는 경우, 셋째로는 옛날 남성들은 본부인 외에 작은 부인을 두고 살기도 했는데 이를 위해 별도의 부엌을 마련한 경우다. 그러니 부엌이 2개 이상이면 주로 이 셋 중 하나에 해당한다고 보면 된다. 당연히 경제력이 있는 집안이라야 가능한 일이다.

한옥은 안방과 사랑방이 있어 더 정겹다. 안방은 안방마님이 거처하는 공간으로 다른 방보다 좀 더 보안이 필요한 곳이다. 그렇다면 마루를 사이에 두고 똑같아 보이는 여러 개의 방 중에서 어떻게 안방을 구분할 수 있을까? 안방을 단번에 알 수 있는 방법은 머름이 있는 방, 즉 문지방이 높은 방을 찾으면 된다. 밖에서 갑작스레 손님이 찾아와 문을 열어 내다볼 때 이 머름이 있으면 안주인이 옷매무시를 다듬거나 흐트러진 모습을 일정 부분 가릴 수 있기 때문이다.

한옥 탐방에서는 특히 장독대를 관심 있게 보자. 장독대는 그 자체가 하나의 '과학'이다. 장독대는 바닥에 자갈을 많이 깔아둔다. 이는 빗물 배수 기능을 하며 장을 담갔을 때 자갈이 햇볕에 달궈져서 장의 숙성을 돕도록 하기 위해서다. 또 장독대 주변에는 앵두나무나 모과나무·살구나무·감나무 등 과실수가 있다. 이는 그저 관상용으로 심은 것이 아니라 봄철에 장독대 뚜껑을 열어두면 꽃가루가 들어가서 장맛을 깊게 하고 숙성을 돕기 때문이다. 우리 조상들의 지혜가 듬뿍 담겨 있다. 먹는 음식까지도 자연과 더불어 맛을 빚었다.

한옥 측면의 넓은 뜰은 대부분 여인을 위한 공간이다. 조선시대 여인들은 되도록 앞쪽 마당보다는 남의 눈에 잘 띄지 않는 옆 뜰에서 바깥바람을 쐬곤 했다. 이곳 한옥 중 'ㄴ'자형 집의 옆 뜰이 무척 인상 깊었다. 목련나무도 한 그루 있었다. 오늘날 아파트에 사는 우리의 모습이 마치 '닭장' 생활처럼 대비되는 느낌이다.

조상들의 숨결을 느끼는 문화재단지

한옥을 지나면 보물 제546호인 청풍 석조여래입상이 보인다. 통일신라 말~고려시대 작품으로 추정되는 이 석상은 높이 3.33m로 후덕하고 자비로운 모습이다. 이 불상은 '너희가 가진 고통과 어려움을 나에게 모두 말하면 고통은 덜어주고 소원은 이루어지게 해주겠노라'고 하는 의미를 지니고 있다.

석상에 삼배한 후 앞에 놓여 있는 검은 '소원돌'에 손을 얹어 남자는 오른쪽으로, 여자는 왼쪽으로 자신의 나이 숫자만큼 돌리면 한 가지 소원은 꼭 이루어진다고 한다. 소원을 빌며 돌리는 횟수를 세야 하는데 도중에 둘 중 하나라도 놓치면 안 된다. 그래서 마음을 하나로 모아야 소원이 이루어진다고 한다. 특히 이 불상은 자식이 없는 부인들이 많이 찾았다고 한다. 근처에는 우리나라 최초로 인골이 나온 고인돌인 향석리고인돌도 있다.

이어서 조선후기 누정(樓亭)인 제천 금남루(錦南樓)가 나온다. '도호부절제아문(都護府節制衙門)'이라는 현판 글씨가 있는 관청의 정문이다. 문은 중앙과 좌우 3개로 구성되어 있다. 가운데 큰 문은 부사의 출입문이고 좌우의 작은 문은 일반인이 이용했다. 문을 통과하면 정면에 보이는 금병헌(金屛軒)은 부사가 집무를 보던 건물이다. 그 옆으로 객사(客舍)인 방 2칸짜리 응청각(凝淸閣)이 있다. 선비들이 유숙하던 곳으로 퇴계 이황이 단양군수 시절 이곳에 와서 묵었다. 당시 이름은 관수당(觀水堂)이었는데 퇴계 선생이 응청각으로 개명했다.

응청각 건물에서 볼 수 있는 흥미로운 것은 난방을 위한 '고설식(高

객사 응청각의 앞면과 뒷면

設式)' 아궁이다. 위의 사진에서도 보이는 뒤쪽 벽에 난 네모난 구멍에 숯을 넣어 방바닥에 깔린 자갈을 데워서 난방을 했다. 오늘날로 말하면 찜질방의 원리가 적용된 셈이다. 조상들은 아궁이에 불을 지피는 방식만 사용한 것으로 알고 있었는데, 이미 조선시대에 찜질방의 방식을 적용한 적이 있었다고 하니 실로 대단하다.

그 옆에는 또 하나의 보물인 한벽루(寒碧樓)가 있다. 가야금을 켜고 풍류를 즐기던 곳으로 우리나라에서 손꼽히는 익랑이 달린 누각 중

제천 청풍문화재단지

하나다. 익랑(翼廊)은 '날개가 달린 누각'이란 의미로 누각에 오를 때이 익랑 덕분에 몸을 숙이지 않고 들어갈 수 있다. 한벽루라는 이름에서 알 수 있듯이 한여름에도 이곳을 오르면 추울 만큼 시원했다고 한다. 충주댐을 만들기 전, 남한강 변에 있을 당시 홍수로 경기도까지떠내려간 적이 있었다.

이곳을 지나면 청풍 망월산성(望月山城)이다. 삼국시대의 산성으로고구려 지명을 딴 '사열이산성'이라고도 불렸다.『삼국사기』「신라본기」문무왕 13년(673년)에는 사열산성을 더 늘려 쌓았다는 기록이 있다. 즉 고구려 산성을 신라가 함락해 증축한 것으로 보인다. 이 지역이 오랫동안 삼국의 접경지대였던 만큼 군사적으로도 매우 중요한 곳이었음을 보여준다.

공주 공산성

천도와 몽진, 4명의 왕을 껴안은 '공주의 품'

목숨만은 건지게 해준 천혜의 요새

서기 475년 9월, 백제 제21대 개로왕은 고구려 장수왕의 병사 3만 명의 공격을 받아 수도 한성 궁궐에서 포위당했다. 화염에 휩싸인 궁궐의 서문을 빠져나가 겨우 달아났지만 곧 백제 출신의 고구려 병사에 의해 살해되었다. 신라 구원병 1만 명이 오자 고구려는 퇴각했다. 하지만 왕을 잃은 백제는 아들 문주왕을 옹립하고 10월에 천도한다. 그 발걸음을 멈춘 곳이 충청남도 공주 땅이다.

제1기 백제의 한성시대를 마감하고 마침내 제2기 백제의 웅진시대를 열게 한 곳이 바로 '공산성(公山城)'이다. 백제의 웅진 천도는 고구려의 침략이 절대적인 원인이 되었다. 한강 유역을 놓고 삼국이 치열한 접전을 벌이던 당시, 고구려 광개토대왕의 뒤를 이은 아들 장수왕의 남진정책은 427년 평양 천도로 본격적으로 불을 지폈다. 고구려는 툭하면 백제를 괴롭혔다. 천도한 수도는 고구려의 남하정책을 대비하듯, 북쪽에 큰 강(금강)이 해자 역할을 하는 곳에 자리 잡았다. 그리고 야트막한 산을 돌아가며 토성(土城)을 쌓아 대비했는데 이를 '웅진성(熊津城)'이라 불렀다. 서기 475년 제22대 문주왕 원년부터 삼근왕, 동성왕, 무령왕 그리고 제26대 성왕이 사비로 천도한 서기 538년까지, 5대 왕 64년간 그리 길지 않은 기간에 웅진시대 백제의 역사를 써내려갔다.

역사상 4명의 왕이 공주 땅으로 피신했다. 첫 번째가 백제 문주왕이고 두 번째는 백제 의자왕, 세 번째는 고려 현종, 네 번째는 조선 인조다. 문주왕은 천도했고, 의자왕은 나당연합군에 쫓겨 부여에서 이곳으로 닷새간 피신한 후 항복했다. 현종은 거란족 침입으로 몽진(蒙塵)했고, 인조는 이괄의 난을 피해 왔다.

공주 땅은 어떻게 이 많은 왕들의 안위를 보전해주었을까? 지금의 공산성은 백제시대에는 웅진성으로, 고려시대에는 공주산성(公州山

공산성

城)·공산성으로 불리다가 조선 인조 이후에는 쌍수산성(雙樹山城)으로 불렸다. 그 이전 선조 때 토성 위에 지금의 석성(石城)으로 재건했다.

공주가 천도와 피란의 대상이 된 것은 자연의 지세가 큰 몫을 했다. 다급한 상황에서 정한 도읍지였지만 북으로부터의 침략을 방어하기에는 천혜의 요새였다. 넓은 강, 그 너머에는 차령산맥이 1차 저지선 역할을 해주었다. 조선시대 인조가 몽진했을 때 신하들이 "공주는 주변 지세가 험해 몸을 보전하기에 더없이 좋은 곳"이라며 인조를 안심시키기도 했다. 게다가 공주는 기후가 온화한 데다 주민들의 인심이 후덕하고 먹고살아가는 데 적합한 조건들을 두루 갖추었다.

64년간 '제2기 백제' 웅진시대 도읍지

1,500년 전 백제 역사의 향기를 좇아 공산성에 올랐다. 지금은 복원한 산성이지만 60여 년간의 웅진시대 백제왕조와 조선시대 숨결을 느끼기에는 충분히 고풍스럽고 아름답다. 백제의 찬란했던 문화의 편린들을 추적해볼 수 있는 몇 안 되는 곳이다.

공산성은 장방형인 성곽의 길이가 총 2,660m로 걸어서 약 40분 정도 걸린다. 동서남북으로 문이 있고 사실상 출입구인 금서루(錦西樓)는 서문이다. 서문 주차장에서 오르막길을 따라 오르면 바로 금서루가 나온다.

지난 1993년에 동문인 영동루(迎東樓)와 함께 새로 복원되었지만

연회 장소로 쓰던 임류각

조선시대 성문의 문루 양식을 잘 보여주고 있다는 평이다. 공산성의
대표적인 명소로서 각종 행사가 열리는 곳이기도 하다.

　서문인 금서루에서 남쪽 성곽길로 접어들어 걷다 보면 잠시 후 넓
은 터, 일명 '추정 왕궁터'가 나온다. 웅장한 백제문화를 꽃피웠을 웅
진시대 왕궁이 이곳에 세워졌다고 추정하는데, 지금은 사실 '추정'보
다 '확정'이라고 해야 맞다고 한다. 그만큼 확실한 기록과 몇몇 근거
가 있기 때문이다.

　1985~1986년에 걸친 발굴조사에서 10칸, 20칸 등의 큰 건물터
와 연못, 저장시설 등 유적이 확인되었고 백제의 연꽃무늬 수막새를
비롯한 많은 궁정 유물이 출토되었다. 또한 『삼국사기』에는 동성왕
22년(500년) 왕궁 동쪽에 임류각을 짓고 연회를 베풀었다고 기록되어
있다. 그 임류각이 이곳에서 멀지 않은 숲속에 있다.

왕궁을 짓기에는 너무나 작은 궁터

왕궁터의 규모는 작았다. 건물 몇 동이 들어서면 가득 찰 면적이랄까. 일국의 도읍지라고 보기에는 너무 빈약하다. 백제 역사를 연구한 일부 사학자는 그렇기 때문에 웅진은 임시 도읍지 성격이 강했다고 주장한다. 이곳에는 '쌍수정(雙樹亭)'이라는 정자가 있다. 이는 인조가 1624년 이괄의 난을 피해 내려와 엿새간 머문 기념으로 훗날 지은 것이다.

인조는 공산성으로 일시 파천(播遷)해 아래쪽에 위치한 영은사에 머물며 이 왕궁터에서 바람을 쐬곤 했는데 당시 인조가 빨리 난이 평정되기를 기원하며 몸을 기댔던 두 그루의 나무가 있었다. 인조가 공산성에 머물 때 난이 진압되어 이괄의 목이 그의 앞에 도착하자, 하늘에 제를 올리고 자신의 허리띠를 풀어 이 쌍수(雙樹)에 둘러주며 통훈대부(通訓大夫) 정삼품의 벼슬을 내렸다. 이제 그 나무들은 고사했고 후손 격인 나무들이 자라고 있는데, 1734년 충청도 관찰사 이수항이 이를 안타깝게 여겨 쌍수정을 지어 위로했다. 이 공산성 역시 쌍수산성으로 불렸다.

쌍수정 아래로 내려오면 남문인 진남루(鎭南樓)가 있다. 진남루는 토성이던 이 산성을 조선시대 석성으로 쌓으면서 건립한 건물로 삼남(三南)의 관문이었다. 잘 정비된 넓은 숲속 산책길을 걷다 보면 곳곳에 건물터가 있고 분지처럼 생긴 곳에 멋진 2층 구조의 임류각(臨流閣)이 자리하고 있다. 임류각은 동성왕이 지어 신하들과 연회 장소로 쓰던 건물로 1991~1993년에 걸쳐 복원했다.

그 옆에는 아름다운 느티나무와 함께 명국삼장비(明國三將碑)라는 작은 비각이 있다. 명나라 장수 3명의 송덕비가 어떤 연유로 이곳에 세워졌을까? 이는 정유재란 때 충주에서 왜적을 막고 선정을 베풀어 주민들로부터 민심을 얻은 이공·임제·남방위를 추모하는 비다.

4개의 성문 중 동쪽에 동문루(東門樓)와 광복루(光復樓)가 있다. 동문루는 기록에 따라 2층 3칸의 누각으로 복원했다. 광복루는 원래 공산성의 북문 공북루 옆에 있던 군부대 지휘 문이었는데 일제강점기 때 이쪽으로 옮겨져 웅심각(雄心閣)으로 불리다가 해방 후 백범 김구 선생이 이곳을 찾아 '광복루'라고 이름을 고쳐 오늘에 이르게 되었다. 소박한 누각이다.

공산성 여행의 마침표를 찍는 황홀한 야경

다시 성곽길을 걸어 내리막으로 내려오니 경치 좋은 금강 변에 멋진 누각이 운치를 더했다. 바로 만하루(挽河樓)다. 연지(蓮池)라고 하는 연못과 금강 사이에 만하루가 바짝 붙어 있다. 이 연지는 네모나게 석축한 것으로 금강과 서로 통하게 만들어 적에 노출되지 않고 강물을 이용할 수 있도록 되어 있다. 통로도 적이 볼 수 없게 참호처럼 만들어놓아 눈길을 끈다.

그 옆에는 규모가 작은 영은사(靈隱寺)가 있다. 공산성 내 유일한 사찰로 세조 4년(1458년)에 지어져 임진왜란 때 승병의 합숙소로 이용하고, 광해군 때는 승장을 두어 전국 사찰을 관리하게 한 의미 있는 절이다.

마지막 한 고개 넘으니 공북루(拱北樓)다. 공산성의 북문으로 금강 변에 위치해 있고 앞쪽에는 넓은 광장이 있다. 지난 2011년 공북루 주변에서 645년이라는 연대가 새겨진 백제시대의 갑옷과 마갑이 출토되어 세상을 또 한 번 놀라게 했다. 645년이면 사비(부여)시대 백제로 의자왕 재위 초기다.

공산성 여행은 이것으로 끝이 아니다. 야경까지 봐야 마침표를 찍을 수 있다. 금서루를 비추는 조명과 강가를 따라 굽이쳐 솟은 듯한, 황룡 같은 성곽 둘레의 불빛이 장관이다. 금강에 불빛이 반사되는 경치도 봐야 한다.

영주 소수서원
성리학의 중심, 조선 최초의 사립학교

하루 새 역모의 도시가 된 순흥

"동서남북 30리 안의 사람은 모조리 죽여라." 1457년 가을, 영남의 큰 도시 하나가 피비린내 속에서 하룻밤 새 증발되고 말았다. 관군의 눈에 띈 사람은 양반이든 노비든 닥치는 대로 살육되었고 도시 전체는 불길에 휩싸였다. 죽은 사람의 수가 얼마인지 셀 수조차 없었다. 시신을 갖다 버린 죽계천(竹溪川)은 삽시간에 피바다로 변해 무려 7km를 지나 하류에 가서야 피가 멎었다. 하류의 마을은 그때부터 '피끝마을'로 불렸다.

남순북송(南順北宋). '한강 이남은 순흥이요, 이북은 송도'라며 영화를 누리던 소백산 남쪽 기슭에 자리한 순흥도호부(順興都護府)의 과거사다. 하루 새 역모의 도시로 낙인 찍힌 순흥에서는 대체 무슨 일이 있었던 것일까?

1455년 수양대군이 조카 단종을 몰아내고 왕위(세조)에 오르자 1457년 수양의 동생인 금성대군이 순흥에서 이보흠 순흥부사와 극비리에 단종복위 운동을 도모한다. 이에 영남의 수많은 인사들이 가세했다. 이때 한 노비가 이보흠의 집에 숨어들어 이 비밀문서를 훔쳐 달아났고, 결국 '거사'는 꿈도 펴보지 못한 채 발각된다. 그 결과 금성대군과 이보흠은 죽음을 맞았고 영월로 유배간 단종도 즉시 사사되었다.

역모의 싹이 튼 순흥은 졸지에 풍비박산되었다. 주민을 닥치는 대로 죽였고, 집은 모두 불태웠으며, 도호부의 땅은 쪼개고 쪼개 영천(영주)과 풍기·봉화 등으로 편입시켜 싹을 완전히 잘라냈다. 순흥도호부는 순흥현으로 강등되었다. 정축년에 일어난 변고라 해서 정축지변(丁丑之變)이라 불리는 사건이다.

이때 거사의 본거지였던 숙수사(宿水寺)는 당간지주만 남겨진 채 모조리 불타버렸다. 부석사(浮石寺)와 함께 이 일대에 '불국토'를 형성했던 중요한 사찰이었으나 변고를 막을 재간이 없었다.

폐허의 도시에 꽃피운 유교의 메카

폐허의 도시 순흥은 86년간의 암흑기를 지나 다시 사람들이 모여들기 시작했다. 1543년, 이번에는 이곳 불국토의 땅에 유교의 요람이 등장한다. 풍기 군수로 온 신재 주세붕이 1543년 숙수사 터에 민간 교육 시설인 서원을 최초로 세웠다. 백운동 서원이다. 우리나라 성리학을 최초로 도입한 고려 유학자 회헌 안향 선생의 고향이자 그가 젊은 날 학문을 했던 숙수사에서 안향을 추모하고 후진을 양성하기 위해 서원을 세운 것이다.

1548년 풍기 군수로 부임한 퇴계 이황이 백운동서원에 대해 조정에 사액(賜額)을 건의했다. 그러자 1550년에 명종은 친필로 '소수서원(紹修書院)'이란 글씨를 써 현판을 사액하고 책과 토지, 노비를 파격적으로 지원했다.

소수서원은 명실공히 우리나라 최초의 공인 사학으로 우뚝 서게 되었다. 미국의 하버드대학교보다 무려 93년이나 먼저 설립되었다고 하니 자부심을 가질 만하다. 백운동서원은 이때부터 소수서원으로 이름이 바뀌고 한국 정신문화의 메카로 자리 잡았다. 이후 퇴계 이황은 성리학을 집대성한 '동방의 주자(朱子)'로 칭송된다.

소수서원은 왕명을 받은 대제학 신광한이 '기폐지학 소이수지(旣廢之學 紹而修之)', 즉 '이미 무너진 교학을 다시 이어 닦게 하라'는 뜻을 가진 문장에서 '소(紹)'와 '수(修)'를 따 이름 지었다. 이렇게 이름이 정해지자 명종 임금이 직접 현판 글씨를 썼다.

'피의 강'에 남아 원혼을 달래는 붓 자국

소수서원 매표소를 지나면 200~300년생 소나무숲을 거치게 된다.

350년 전 이곳에 소나무 1천 그루를 심었다고 한다. 이 소나무숲을 '학자수(學者樹)'라고도 한다. 숲의 오른쪽엔 높다란 돌기둥인 보물 제59호 영주 숙수사지 당간지주가 서 있다. 숙수사는 사라졌지만 이 돌기둥만큼은 온전히 남아, 사라진 불국토의 아픔을 전한다. 숲의 끝 죽계천에 이르니

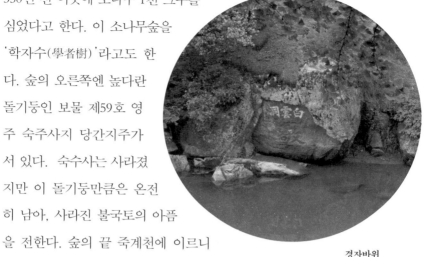

경자바위

건너편에 허름하고 초연한 정자가 눈에 들어왔다.

퇴계 이황이 "군자산의 풍취에 취하고 죽계천의 찬물에 취해 공부에 임하고 풍류를 즐긴다."라고 해서 '취한대(翠寒臺)'라 이름 지었다. 정자 왼쪽으로 고개를 돌리면 큰 바위에 '敬(경)'이라 새겨진 '경자바위'가 있다. 주세붕 선생이 안향 선생을 흠모했기에 바위에 '공경하는 마음'을 '경(敬)' 자로 새겨 표현한 것이다. 위의 흰 글씨 '백운동(白雲洞)'도 주세붕 선생이 쓴 것으로 전해져온다.

소수서원 출입문 앞 절벽에는 또 하나의 정자가 있다. 바로 경렴정(景濂亭)이다. 오래된 서원 정자로 손꼽히는 경렴정은 주세붕이 1543년에 세웠다. 현판 글씨는 두 가지가 있는데 바깥쪽 현판 글씨는 퇴계 선생이, 안쪽 현판 글씨는 퇴계의 제자 황기로가 썼다. 일제 강점기 때 일본인들이 이 현판을 보고는 이곳에서 중요한 인물이 날까 두려워한 나머지 글자 일부분을 잘라내 버렸다고 한다. 현판은 현

재 소수박물관에서 보관하고 있다. 입구에는 흙으로 쌓은 네모난 제단 '성생단(省牲壇)'이 있다. 문성공 회헌 안향 선생의 사당에 매년 3월과 9월 초정일(初丁日) 제사 때 쓸 소(牛)를 간품(看品)하는 제단이다. 전국에서 가장 크고 우량한 소를 골라 제례에 쓴다.

한국의 위차법을 따른 동학서묘 배치

출입문인 지도문을 들어서면 바로 강학당(講學堂) 건물이 보인다. 강학당은 우람하고 아름다운 건물로 우리나라 최초의 사립대학 강의실이라고 생각하면 된다. 강의실 사방에는 문이 달려 있다. 특이한 구조다. 툇마루는 건물 사방으로 빙 둘러 연결되어 있고, 마당에서 바라보면 건물의 모양새가 참으로 아름답다는 느낌이 든다. 보물 제1403호로 지정되어 있다.

지도문 입구에서 보면 강학당 왼쪽 편 사당에 별도의 담을 쌓아 위패를 모신 문성공묘가 있다. 문성공 안향 선생의 제향을 올리는 묘다. 기이한 것은 담장 밖의 소나무들도 마치 제를 올리듯 묘를 향해 몸을 숙이고 있다는 것이다. 이 사당 역시 보물 제1402호로 지정되어 있다. 서원에서는 공자가 아닌 안향 선생을 주향으로 모셨다는 것도 특이한 점이다.

눈여겨볼 것은 강학당과 문성공묘의 배치다. 서원에서는 배치에도 법칙이 있다. 서원은 학교 기능을 하는 강학당과 제사 기능을 하는 사당이 있다. 중국에서는 전학후묘(前學後廟)로 학교를 앞쪽에 사당을 뒤쪽에 세운다. 우리나라 서원 대부분도 이를 따라 배치하지만 소수서원은 동학서묘(東學西廟)의 배치다. 우리나라 전통의 위차법(位次法)인 이서위상(以西爲上)을 따르기 때문이다. 즉 사후 세계는 서쪽 상석으로 모시는 것이다.

강학당을 지나면 하나의 건물로 된 직방재와 일신재가 있는데, 직방재는 원장의 거처이고 일신재는 일반 교수의 거처다. 규모가 작은 장서각은 오늘날의 도서관으로 그 앞에 정료대라고 하는 돌기둥이 있다. 요즘으로 치면 가로등인 셈이다.

가장 뒤쪽 건물은 영정각으로 안향, 주세붕 등 6명의 초상화를 모셔두고 있다. 진품은 소수박물관에 보관하고 있다. 안향의 초상화는 국보 제111호이고 주세붕의 초상화는 보물 제717호로 귀중하게 보존되고 있다. 영정각 앞에는 일영대(해시계)가 있다. 또 한쪽 귀퉁이에는

소수서원 강학당

(위)장서각, (가운데)학구재, (아래)지락재

학생들이 기거하던 학구재와 지락재가 있다.

소수서원은 1888년까지 350년간 무려 4,200여 명의 유생을 배출했다. 퇴계 이황의 제자들 대부분이 소수서원 출신이다. 소수서원은 충효예학(忠孝禮學)이 살아 숨 쉬는 선비정신의 산실이었다. 선례후학(先禮後學)이라 해서 학업보다는 예를 우선시했다. 인성이 사회문제가 된 오늘날, 소수서원을 돌아보면서 이런 문제를 한 번쯤 고민해볼 수 있다는 것이 감사하게 느껴졌다. 기와집 몇 채가 주는 풍경의 아름다움보다 무형의 가르침인 정신적 메시지가 더 크다는 것을 아는 순간, 그 가치는 배가될 듯하다. 소수서원이 존재하는 이유가 그러했다.

부여 궁남지

백제 무왕의 탄생신화를 품은 연못

서동과 선화공주의 사랑 이야기, '서동요'

> 선화공주님은(善化公主主隱)
>
> 남 몰래 정을 통해 두고(他密只嫁良置古)
>
> 맛둥방(서동의 방)을(薯童房乙)
>
> 밤에 몰래 안고 간다(夜矣卯乙抱遣去如)

이 향가는 백제의 서동(무왕)이 지은 〈서동요〉다. 사비성 궁궐 남쪽 연못가에 궁궐에서 나와 사는 한 과부가 용과 교통(交通)해 아들을 낳았는데 그가 서동(薯童)이다. 용은 임금이나 왕족을 의미하니 서동은 결국 왕족이다. 하지만 궁궐 밖의 생활이 궁핍해 서동은 마를 캐서 생계를 유지해야 했다. 될성부른 인물인 서동은 신라의 공주가 둘도 없는 미인이라는 이야기를 듣고 머리를 깎고 신라에 잠입한다. 그리고 마를 파는 상인으로 위장해 도성의 아이들에게 마를 나누어 준 후 '서동요'를 부르게 했다.

'공주가 몰래 남자와 정을 통했다'고 하니 조정에서는 난리가 나지 않을 수 없었다. 그 바람에 영문도 모르는 선화공주는 조정 대신들의 성화에 못 이겨 결국 귀양을 가고 만다. 서동은 귀양 가는 길목에서 선화공주를 데리고 백제로 돌아왔고, 훗날 왕이 되었다. 그가 바로 백제 30대 무왕이다. 이름은 장(璋)이며 마지막 왕인 의자왕의 아버지다.

무왕의 탄생신화를 품은 커다란 못

무왕 35년(634년) 그는 자신이 어릴 때 살았던 궁궐 남쪽에 인공연못을 축조한다. 그 연못이 '궁궐 남쪽'을 뜻하는 '궁남지(宮南池)'다. 설화 속의 배경인 궁남지의 의의와 가치는 지대하다. 『삼국사기』「무왕조편」에 따르면 "궁성 남쪽에 연못을 파고 20여 리나 되는 긴 수로를 끌어 들이고 연못 주변에는 버드나무를 심었으며 연못 가운데에는 섬을 만들어 방장선산(方丈仙山)을 본떴다."라고 기록되어 있다. 이는 도가(道家)사상의 이상향을 의미하기도 한다.

기록상 연못의 규모는 바다를 연상하게 할 만큼 넓었다. 무왕 37년(636년)에 빈(嬪)과 함께 배를 띄우고 놀았다는 기록이 있고, 아들 의

자왕도 655년에 망해정(望海亭)을 세웠다고 한다. 오죽 넓었으면 바다를 바라보는 정자라 했을까? 그래서 지금도 부여 사람들은 이곳을 '마래방죽'이라고 부른다. '마(馬)'는 '크다'라는 뜻으로 쓰여 '큰 못'을 의미한다. 부여 부근을 흐르는 백마강(白馬江)도 '백제의 큰 강'이라는 뜻이다.

궁남지는 서동의 출생에 관한 이야기를 품고 있는 신화의 장소라는 점에서 의의가 있다. 건국신화와 달리 한 왕조의 후반기에 등장한 왕의 탄생신화가 있는 사례는 드물다. 일반적으로 고대 국가에서 왕의 탄생신화는 건국 초기의 역사적 배경을 갖고 있는데, 무왕의 탄생신화는 백제 말기에 해당하는 한 왕에 대한 것이어서 그 의미가 색다르다.

궁남지는 넓은 연꽃 사이로 둥근 연못이 있고 그 가운데 '포룡정'이라는 정자가 있다. 이 연못이 바로 신화의 성지이면서, 이웃 신라와 일본에까지 조경예술을 전파한 곳이라 하니 눈으로 보이지 않는 의의가 훨씬 더 크다고 할 수 있다. 궁남지는 약 1,400년 전 백제의 마지막 수도 부여(사비)에서 만든 우리나라에서 가장 오래된 인공연못이다. 경주의 동궁과 월지보다 40년 앞서 조성된 것으로 전해지고 있다.

1만 평 연못에 피는 50여 종의 연꽃

궁남지는 1960년대 초 이곳을 궁남지 터로 추정하면서 사적지로 지정되었다. 이곳에서는 짚신과 목간 등의 당시 유물과 수로의 흔적이 발굴되었다. 이후 역사적 고증을 거쳐 지난 1965년에 1/3 수준으로 축소 복원해 현재에 이르렀다. 연못 가운데에는 무왕 탄생신화를 상징하는 포룡정(抱龍亭)이라는 정자도 세웠다. 그래서 방장선산의 신선 세계와 불교사상이 결합된 곳으로도 의미가 깊다.

궁남지에 핀 연꽃

궁남지는 서동공원과 함께 10만여 평의 넓은 공원으로 연못도 무려 약 1만 평 규모로 조성되어 있다. 연꽃이 만발하는 여름철이면 장관을 이룬다. 홍련·백련·수련·오가하스연·가시연·빅토리아연 등 50여 종의 연(蓮)이 아름다운 꽃을 피운다. 부여군에서는 매년 7월 '부여 서동연꽃축제'를 열어 국경과 신분을 초월한 서동과 선화공주의 애틋한 사랑을 되새기고 있다. 서동공원 한쪽에는 서동과 선화공주의 기념탑이 조성되어 있다.

조경예술의 극치, 빼어난 사계의 절경

백제는 당대 최고의 조경예술을 선보인 국가로 일본의 조원(造園) 문화에도 지대한 영향을 주었다. 역사 기록에도 백제의 노자공이라는

궁남지의 설경

기술자가 일본 왕궁의 정원을 꾸며 아스카시대 정원사의 시조가 되었다고 한다. 오늘날 아기자기하고 아름다운 일본의 조원이 백제에서 비롯되었다고 하니 실로 놀랍다.

눈 덮인 겨울 새벽, 안개마저 짙게 드리운 궁남지는 마치 신선이 머물던 곳 같았다. 궁남지에 도착해보니 눈 덮인 연못과 안개가 긴 꼬리를 드리우고 있었다. 한동안 멍하니 서서 바라만 보았다. 한참이 지난 후에야 연못을 돌며 감상했다. 큰 연못 한가운데 세워진 정자는 물안개와 더욱 잘 어울렸다.

몇몇 주민들이 연못 주위에서 걷기 운동을 하고 있었다. 나도 천천히 풍경을 음미하면서 3바퀴를 돌았다. 1바퀴 도는 데 10분도 안 걸릴 구간임에도 거의 1시간 가까이 걸렸다. 특히 걷는 중에 청둥오리 떼를 만나면서 시간을 많이 소비했다. 뜻밖에 만난 겨울철 진객이 사진의 귀중한 모델이 되어주었기 때문이다.

궁남지는 사계(四季)가 모두 저마다의 아름다움을 갖고 있다. 특히 여름철에 피는 연꽃은 전 국민의 사랑을 받는다. 해마다 7월이면 열리는 연꽃축제 때는 이름도 다 욀 수 없는 다양한 모양의 연꽃을 구경하고, 어른 키보다도 큰 연꽃 사잇길을 걷는 재미가 쏠쏠하다. 겨울의 설경도 여름철 경치에 결코 뒤지지 않는다. 순백의 설경은 신선의 세계 같다. 지금도 부여 주민들은 궁남지의 설경에 대해 대단한 자부심을 갖고 있다.

궁남지 여행은 여러 가지 의미를 갖고 있다. 우선 철마다 각기 다른 아름다운 경치를 즐길 수 있고, 서동과 선화공주의 이야기를 비롯한 탄생신화의 배경지라는 점, 그리고 우리나라 최고의 조경예술의 극치

가 담긴 인공연못이라는 점들을 염두하고 여행한다면 이곳에서 느낄
즐거움이 배가될 것이다.

담양 소쇄원

세상 꿈 접은 선비의 오래된 정원

17살 선비 양산보, 스승 조광조를 따라 은둔하다

1506년 중종반정으로 연산군이 폐위되고 조선 제11대 왕 중종이 즉위했다. 이후 한 젊은 사림(士林)이 혜성처럼 등장했다. 신진 사림파 정암 조광조(1482~1519년)다. 조광조는 1515년 알성시 별시(조선시대 정규 과거 외에 임시로 실시된 비정규 문과·무과 시험)에 급제했다. 이후 성균관 전적을 시작으로 여러 관직을 역임하며 조선을 성리학적 이상사회로 건설하기 위한 원대한 꿈을 꾼다.

　중종도 조광조를 파격적으로 발탁하며 적극 지지했다. 하지만 왕을 등에 업은 사림파의 조광조는 너무나 과격했고 급진적이었다. 훈구파에 의한 사회적 비리를 도학정치(道學政治)로 개조하려 했지만 수단과 방법론에서 몇몇 문제를 드러냈다. 율곡 이이도 그 부분을 안타까워했다. 뜻이 맞지 않은 훈구 세력들을 소인으로 폄하하고 중종반정 공신 76명에 대해 위훈삭제(중종반정 때 공을 세운 공신 중 자격이 없다고 평가된 사람들의 공신호를 박탈하고 토지와 노비를 환수한 사건)에 들어갔다.

위기의식을 느낀 조정의 훈구파는 '주초위왕(走肖爲王)' 계략을 꺼내들었고, 결국 중종은 조광조를 의심해 등을 돌리고 만다. '주초위왕'은 훈구파가 대궐의 나뭇잎에 '주초위왕'이라는 글을 꿀로 써서 벌레가 파먹게 한 다음, 마치 자연적으로 생긴 현상인 양 꾸며 왕에게 고하도록 한 것이다. '주초(走肖)'는 '조(趙)'자의 파획으로 '조(조광조)가 왕이 된다'는 암시의 글이다.

1519년(중종 14년), 꿈 많던 조광조는 측근 70여 명과 함께 모반죄로 숙청당하는데 이를 기묘사화(己卯士禍)라 한다. 조광조는 능주(전라남도 화순)로 귀양 갔고 한 달 만에 사사되었다. 이때 조광조의 문하생으로 3년간 수학했던 양산보(1503~1557년)는 출세의 꿈을 접고 고향 창평(전라남도 담양)으로 그를 따라갔다. 스승의 귀양지가 마침 고향 옆동네였다.

창평에서 태어난 양산보는 15세에 상경해 조광조의 문하에서 학문을 배우며 성균관에서 유학했다. 기묘사화가 일어나던 해 중종이 친히 주관한 시험에서 17세의 나이로 합격했지만 나이가 어려 벼슬에 나아가지 못했다. 이를 애석하게 여긴 중종이 친히 위로할 정도로 양산보는 미래의 재목감이었다.

그렇게 고향으로 내려온 어느 날 창평의 한 작은 계곡, 물 위에서 노닐던 오리가 양산보와 마주치자 뒤뚱뒤뚱 달아났다. 이를 놓칠세라 양산보도 잰걸음으로 오리를 따라갔다. 오리가 더 가지 못하고 멈춘 곳은 작은 폭포 앞이었다. 조그만 협곡에 떨어지는 청명한 물소리와 솔바람 향기가 그윽한 그곳에 발길을 멈춘 선비 양산보는 오리가 '낙점'해준 곳에 자신의 꿈을 심는다. 정자를 짓고 정원을 가꾸자 마침내 소쇄원(瀟灑園)이 탄생하게 된 것이다.

가사문학을 꽃피운 자연 속 정원

소쇄원은 양산보가 세속의 꿈을 접고 자연에 귀의해 유유자적한 생활을 하고자 만든 별서정원(別墅庭園)이다. 그러니까 궁궐의 임금을 위한 대정원도 아니요, 관청에서 꾸민 정원도 아닌 한 선비가 산속에 조성한 정원이다.

이 정원은 한국문학사에 큰 획을 긋게 된다. 면앙 송순과 송강 정철 등 조선 중기의 많은 문신들이 양산보를 찾아와 계곡에 술잔을 띄우고 흘러가는 구름과 달을 보며 풍류를 즐기며 가사(歌辭)문학을 꽃피웠기 때문이다. 담양에서 알려진 가사만 해도 약 20편에 5천여 수에 이른다고 한다.

양산보와 송순은 내외종간 사이였다. 사돈인 하서 김인후, 석천 임억령, 사촌 김윤제와 임진왜란 때 의병장이 된 제봉 고경명도 소쇄원에서 함께 어울렸다.

소쇄원은 '맑을 소(瀟), 깨끗할 쇄(灑)'라는 뜻을 가지는 한자어로 양산보의 마음을 대변한다. 『대학』과 『중용』에 열중한 양산보는 이 '소쇄'라는 말을 좋아해 자호도 '소쇄옹(瀟灑翁)'이라 했다.

비구름이 낮게 깔린 어느 봄날 오전, 나도 소쇄원 매표소 앞 개울에서 암수 한 쌍의 오리를 만났다. 이곳의 오리는 평범한 오리가 아니다. 양산보에게 소쇄원 터를 안내했다던 오리를 상징해 모든 내방객들에게 그 분위기를 느껴볼 수 있도록 한 것이다. 작은 다리를 건너면 대나무숲을 이룬 오솔길로 접어들고 곧이어 '올곧은 선비의 오래된 정원', 소쇄원이 눈앞에 펼쳐진다.

가장 먼저 마주하게 되는 것은 작은 연못이다. 작은 연못 2개를 조성했는데 약 10m 위쪽의 연못을 상지(上池), 그리고 입구의 네모난 연못을 하지(下池)라 한다. 이 연못은 계곡물을 나무통으로 연결해 상지로 받아들인 다음 수로를 만들어 하지로 흐르게 했고, 하지에서 다시 계곡으로 빠져나가게 만들어 자연의 품으로 돌려보낸다.

김인후, 1548년에 소쇄원 48영 짓다

양산보는 연못에 귀한 순채와 물고기를 키우며 낚시를 즐겼다. 하서 김인후가 이를 소재로 시를 지었을 정도로 낚시를 좋아했다. 세상을 등진 선비가 산속에 묻혀 정원을 꾸미고 연못에 낚싯대를 드리우니 얼마나 멋드러졌을까. 하지만 김인후는 "차마 물고기를 낚을 수 없노라."라고 노래했다.

광풍각

연못에서 보는 고색창연한 누각 '광풍각(光風閣)'은 그림처럼 아름답다. 비 오는 날 안개라도 휘감기면 영락없는 수묵화다. 상지 옆에 원두막처럼 생긴 정자 '대봉대(待鳳臺)'가 있다. 임금님을 기다리는 곳이라고는 하지만 임금이 과연 실제로 이곳에 올 일이 있었을까. 대봉대는 양산보가 임금만큼 소중하게 여기는 손님을 기다리고, 그들이 오면 반갑게 맞이해 담소를 나누던 일종의 '영빈관'이었던 셈이다.

소쇄원의 아름다움을 노래한 사람 중 이웃 장성 출신의 김인후는 '소쇄원 48영(詠)'을 지었다. 1548년에 지었으니 당시 소쇄원의 모습을 그대로 기록으로 남긴 것만으로도 귀중한 자료가 된다.

담장이 꺾어지는 벽면 두 군데에는 한자로 '愛陽壇(애양단)'과 '五曲門(오곡문)'이란 글을 써놓았다. '애양단'은 '찬바람을 막아주는 담장'으로 그곳이 가장 따뜻한 담장이라 해서 그렇게 불렸다. 옆의 '오곡문'은 '다섯 굽이의 계곡'이라는 의미와 주자(朱子)가 지은 '무이구곡(武夷九曲)' 중 '오곡'을 따온 말로 보고 있다. 주변에는 '효'를 상징하는 동

소쇄원의 전경

백나무와 '선비'를 상징하는 매화나무가 있고, 장수를 기원하는 복숭
아나무도 있다. 정원수 하나하나마다 세심한 뜻이 숨어 있다. 그러니
그저 '나무'로만 보고 지나가기에는 너무나 아까운 소재들이다.

　매화나무 옆 담장은 계곡을 건너면서 끝나는데, 계곡물을 그대로
흘려보내며 그 위에 담장을 쌓은 모습이 예사롭지 않다. 전해지는 말
로는 양산보가 제주에서 기술자를 데려와 축조했는데, 450년이 넘도
록 한 번도 무너지지 않았다고 한다. 얼핏 보면 투박해 보이는 돌 위
의 담장이지만 돌 틈에 '과학'이 숨어 있다는 이야기다.

　그곳의 작은 돌다리를 건너 왼쪽 길로 오르면 산비탈 담장에 '소쇄
처사 양공지려(瀟灑處士 梁公之廬, 소쇄처사 양공의 조촐한 집)'라는 글씨
가 적혀 있다. 이는 양산보의 집임을 알려준다. '처사'는 조선 선비들
이 가장 불리고 싶어했던 호칭으로 '벼슬에 나아가지 않고 초야에 묻
혀 학문에 정진하며 후진을 양성한 선비'를 말한다. 제아무리 훌륭한
학자나 선비여도 벼슬길에 오르면 '처사'로 불릴 수 없었기 때문이다.

옛말에 "왕비를 배출한 집안보다 대제학(정2품 벼슬)을 배출한 집안이 낫고, 대제학보다 문묘배향자를 배출한 집안이 나으며, 문묘배향자보다 처사를 배출한 가문이 가장 영예스럽다."라고 했다. 그러니 선비들이 가장 선망했던 호칭인 셈이다. 1등만 추구하고 가장 높은 자리에 올라야만 인정받는 오늘날에는 보기 힘든 선비정신이다.

광풍각 절벽 굴뚝의 연기는 신선의 세계

경사지 위쪽 건물은 '제월당(霽月堂)'으로 양산보가 머물던 공간이다. '비 개인 하늘의 상쾌한 달'이란 뜻의 제월당은 정면 3칸 중 왼쪽 1칸은 방이고 오른쪽 2칸은 마루다. 마루도 칸을 나누어 바닥을 3칸과 4칸으로 구분해 음양의 조화를 도모했다. 제법 넓은 마당에는 다산(多産)을 상징하는 석류나무를 심었다.

아래쪽 정자 광풍각으로 이어지는 낮은 협문을 나오면 진귀한 광경이 숨어 있다. 안타깝게도 이 존재를 아는 사람은 별로 없다. 문 앞 아주 큰 백일홍 고목에 딱따구리가 구멍을 파놓았고, 위쪽 큰 가지가 갈라지는 지점에는 전혀 다른 나뭇가지가 자란다. 바로 벚나무다. 굵은 백일홍 줄기에 손가락 굵기만 한 벚나무 가지가 '기생'하는 신기한 나무다. 봄철에는 하얀 벚꽃도 펴서 가느다란 꽃가지가 산들거리면 마치 어사화(御賜花) 같다고 하는데, 상상만 해도 환상적인 모습이다.

그런데 어떻게 이런 일이 가능했을까? 아마도 새가 버찌를 맛있게 먹은 보답으로 그곳에 '큰일'을 보며 '선물'한 게 아닐까 하고 추정한다. 그렇더라도 어떻게 이 딱딱한 나무에 뿌리까지 내릴 수 있었는지는 의문이다. 독한 새똥이 나무 표피에 상처를 조금 냈던 걸까? 백일홍에 기생하는 벗나무 줄기, 이런 것들을 상상해보는 일은 나의 여행에 재미를 더한다.

이 작은 불가사의를 보고 처음 건너편에서 보았던 광풍각에 올랐다. 작은 절벽 위에 세워진 광풍각은 정면 3칸 중 가운데 공간만 방으로 만들고 주변에는 마루를 깔았다. 담양의 정자는 대체로 가운데에 작은 방을 배치했다는 공통점이 있다.

'비 갠 뒤 해가 뜨며 부는 청량한 바람'을 뜻하는 이 광풍각은 손님을 맞는 사랑방 역할을 했다. 건물 구조의 독특함 때문에 눈길이 간다. 12개의 외부 기둥은 궁궐이나 사찰에서 사용하는 둥근 기둥이다. 민간에서는 쓰지 않는 양식이다. 반면에 방의 기둥 4개는 사각기둥이다. 12개의 기둥은 12달을 의미하고 12지를 뜻한다. 4개의 기둥은 사계의 의미를 담고 있다. 그러니 소쇄원은 조경이나 건축을 전공하는 사람들에게는 필수 답사코스다. 물론 문학 전공자에게도 빠뜨릴 수 없는 답사지다.

광풍각에는 비밀이 하나 있다. 바로 굴뚝이다. 굴뚝은 흔히 건물 뒤편에 세우는 데 반해 광풍각은 굴뚝이 보이지 않는다. 굴뚝을 누각 앞 절벽 쪽에 작은 구멍으로 냈기 때문이다. 행여나 봤다 한들 누가 이 구멍을 굴뚝이라 생각할까 싶다. 건너편 연못 쪽에서 바라보면 겨우 확인할 수 있는 아주 특이한 굴뚝이다. 평소에는 눈에 잘 띄지 않지만 군불이라도 지피는 날에는 굴뚝 절벽 아래로 피어나는 연기가 장관이라고 한다. 과연 신선이 머무는 곳인 듯하다.

양산보는 중종과 명종이 수차례 벼슬을 내렸으나 사양하고 이곳에서 일생을 보냈다. 그는 소쇄원에 대해 유언을 남기기를 "어리석은 후손에게 물려주지 말고, 팔지도 말 것이며, 개인에게 맡기지도 마라."라고 했기에, 지금은 문중의 사유재산이자 명승 제40호로 지정되어 있다.

문경 문경새재

청운의 꿈을 안고 걷던 과거길

괴나리봇짐 진 선비들이 가장 선호했던 길

엽전 열닷 냥 꼬깃꼬깃 옷섬에 챙겨 받은 선비는 달랑 괴나리봇짐 하나 메고 한양으로 과거 보러 천 리 길을 떠난다. 어사화(御賜花)를 쓰고 금의환향할 낭군님을 떠나보내는 아내는 몇 달이나 걸릴지 모를 급제와 재회를 손꼽아 기다리며 정화수 앞에서 천 번 만 번 빌고 빈다. '선비의 길'로 상징되는 조선의 옛길 문경새재는 선비들의 갖은 애환이 서려 있는 곳이다. 누구는 웃었고 누구는 한탄했다. 달성 현풍에 살던 곽주(1569~1617년)는 상주를 지나 새재로 가면서 금세 노자(路資)가 떨어졌다. 그는 줄곧 아내에게 편지를 썼다.

문경새재

> "양식이 부족해 유재로부터 빌린 쌀을 서 말 아홉 되로 꾸어가너
> 너 말 주소."

떠나보내는 부모와 가난하고 어진 아내는 '모험'을 건다. 옛날에는 한집에 자식이 여럿 있어도 형편이 넉넉하지 못하면 주로 장남에게 집중적으로 지원해 과거에 응시하도록 했다. 한양으로 한 번 떠나보낼 때면 논밭을 팔아야 경비를 댈 수 있었기에 어떤 면에서 보면 일종의 '로또'에 희망을 건 셈이다. 가난한 선비가 낙제하면 파산에 가까운 생활을 해야 했다. 선산의 노상추(1746~1829년)도 여러 차례 한양길에 오르느라 가산이 바닥난 선비였다. 후에 급제해 조금이나마 보상받았지만 그 과정을 거치는 동안에는 온 가족이 고통을 감수해야 했다.

문경새재는 동래(부산)에서 한양으로 가는 가장 빠른 길인 데다 문경을 거쳐가면 장원급제가 눈앞에 보인다고 믿었기에 각지에서 선비들이 몰렸다. 그래서 '장원급제의 길'이라고도 불렸다. 문경은 "경사스런(慶) 소식을 들을 수 있다(聞)." 해서 장원급제를 바라는 선비들이 청운의 꿈을 안고 넘었다. "과거 보러 가는 선비가 죽령을 넘으면 죽을 쑤고, 추풍령을 넘으면 추풍낙엽처럼 떨어진다." 하는 말도 있으니 문경새재를 가장 선호할 수밖에 없었다. 오죽하면 멀리 있는 호남의 선비도 일부러 이곳을 찾아와 넘었을까. 조선 중기 이후에는 군사적 요충지라 산적이 상대적으로 적어서 사람들이 많이 찾는 길이기도 했다.

조선판 경부고속도로, 영남대로

문경새재는 조선 태종 14년(1414년) 나라에서 영남대로(한양~동래)로 개척한 길 중 경북 문경과 충북 괴산을 연결하는 고갯길이다. 영남대로는 지금으로 치자면 경부고속도로 격이다. 동래에서 한양으로 가는 가장 짧은 직선대로로 거리는 약 380km다. 당시 선비들이 걸어가면 15일이 걸렸다. 대구에서는 10일, 안동에서는 7일 정도 걸어야 하는 거리였다.

영남의 선비가 그렇게 먼 길을 걸어가 치렀던 과거 합격률은 13%다. 지방 치고는 그나마 많은 편이었다. 한양 출신은 합격률이 45.9%로 거의 절반을 차지했다. 지역별 인구에 비례해 합격자가 안배되었다고 한다. 하지만 과거급제의 길은 그리 녹록하지 않았다. 한양에 도착해도 갑자기 시험 일정이 연기될 때도 있었다. 그렇게 되면 가난한 선비들 중에는 돈이 떨어져 되돌아가는 사람도 생기고, 데리고 가던 머슴을 되돌려 보내기도 했다. 어떤 선비는 도중에 경비를 빌려 훗날 되갚기로 하고 한양으로 향하기도 했다. 이렇듯 청운의 꿈을 가진 선비 10명 중 1명만이 금의환향할 수 있었다.

그렇다면 과거에서 낙방한 사람들의 귀향길 심정은 어땠을까? 유우잠(1575~1635년)은 이 심정을 시로 표현했다. "지난해 새재에서 비를 만나 묵었더니, 올해는 새재에서 비를 만나 지나갔네. 해마다 여름비 해마다 과객 신세, 필경엔 허황한 명성으로 무엇을 이룰 수 있을까."라며 여러 번 과거길에 올랐으나 급제하지 못한 것을 한탄했다. 낙방했지만 선비로서의 자존심을 지킨 사람도 있었다. 박득녕(1808~1886년)은 "선비가 비록 과거에 낙방했다 하더라도 슬픈 마음이야 가질 수 없지 아니한가."라고 말했다.

이처럼 한양 가는 길 중에서 가장 험한 소백산맥을 넘는 문경새재에는 영남 선비들의 애환이 서려 있을 수밖에 없었다.

시심 넘친 주막에서의 하룻밤

조선에서 내로라하는 선비 학자들은 모두 이 고개를 넘었다. 누구는 과거길, 누구는 유배길로 그 목적도 다양했다. 그리고 고개를 넘으며 멋진 시 한 수를 남겼다. 조선시대 문인 김시습이 넘었고, 율곡 이이도 넘었다. 퇴계 이황, 서애 류성룡, 서포 김만중도 넘었다. 조선 후기 다산 정약용도 유배길에 이곳 주막에서 하룻밤을 보내며 선비의 정취를 남겼다. 그리고 이름조차 모를 수많은 선비들이 애환을 뿌리며 이 고개를 넘었다.

> 험한 길 벗어나니 해가 이우는데
> 산자락 주점은 길조차 가물가물
> 산새는 바람 피해 숲으로 찾아들고
> 아이는 눈 밟으며 나무 지고 돌아간다
> 야윈 말은 구유에서 마른 풀 씹고
> 피곤한 몸종은 차가운 옷 다린다
> 잠 못 드는 긴 밤 적막도 깊은데
> 싸늘한 달빛만 사립짝에 얼비치네
> – 새재에서 묵다(宿鳥嶺, 숙조령), 이이

오늘날 디지털 시대에서 바쁘게 살아가는 우리도 오늘만큼은 이 길을 걸으며 선비들의 발자취를 따라가보자. 시간을 거슬러 조선의 선비가 되어보는 것이다. 이 순간 모든 생각과 자세를 '선비풍'으로 전환해 이이를 따라가고, 이황을 따라가본다. 가슴을 활짝 열고 폼 나게 걸어본다. 지금은 조선시대다.

길은 쉽다. 운동화만 신어도 좋다. 괴나리봇짐 대신 물 한 병 담은 작은 가방을 둘러메고 가보자. 노폭 5m 안팎의 흙길로 아름다운 계곡과 기암괴석이 함께한다. 충청도로 넘어가는 고개 정상(제3관문)까지는 6.5km다. 제1관문에서 제2관문까지 1시간, 제2관문에서 제3관문까지 1시간이 걸린다. 왕복 4시간 동안 맑은 공기와 함께 운동이 절로 된다. 올라갈수록 길은 조금씩 경사지고 좁아져 더 매력 있다.

가는 길 중간에 주막이 보인다. 조선의 선비들이 하룻밤 묵으며 시를 읊었던 곳이다. 앙칼진 목소리의 주모가 주안상을 들고 금방이라도 달려나와 반길 듯하다. 나그네의 숙소인 조령원터, 사찰(혜국사), 경상도 관찰사 임무교대소인 교귀정, 아름다운 소(沼), 낙동강 3대 발원지 중 한 곳 등이 있으니 지루할 겨를이 없다. 초입에는 드라마 세트장도 있다.

나는 새도 넘기 힘든 조령관문

'문경새재' 하면 무엇보다 조령관문이 떠오른다. 관문은 출발점에 있는 제1관문(주흘관), 중간 지점의 제2관문(조곡관), 정상의 제3관문(조령관)이 있다. 임진왜란 때 왜군을 물리칠 이 천하의 요새를 두고 신립(1546~1592년) 장군이 부하 장수의 말을 무시하고 충주 탄금대로 후퇴하는 바람에 왜군은 한양까지 직행하게 되는데, 관문은 이 불행한 역사 속에서 탄생했다. 이 사건을 반면교사 삼아 임진왜란 후 1594년에 성벽 구축을 위해 제2관문을 먼저 건립했고, 제1관문과 제3관문은 1708년 숙종 때 지었다. 위엄 있는 관문의 모습이 든든해 보인다. 이 협곡에서 왜군을 막았더라면 임진왜란의 전황을 바꿔놓을 수도 있었을 것이라는 의견도 있다.

고개 정상의 제3관문을 자세히 보면 북쪽, 즉 충청도로 향해 문이

(위)제1관문 주흘관, (가운데)제2관문 조곡관, (아래)제3관문 조령관

나 있다. 이는 왜군이 아닌 북쪽에서 침입하는 적을 방어하기 위한 성곽이기 때문이다. 많은 사람들이 제2관문에서 도시락을 비우고 되돌아가지만 마음먹고 과거길에 올랐으니 장원급제는 해야 하지 않을까? 그러니 제3관문까지 가보자. 그러면 돌아오는 길에 '금의환향길'이 반가이 맞아줄 것이다.

문경새재의 '새재'는 여러 의미를 지니고 있다. 한자어로는 '조령(鳥嶺)'이라 부르는데, 이는 '새도 넘기 어려운 높고 험한 고개'라 해서 붙여진 이름이다. 또 '억새가 많아서' 새재, '새로 난 길'이라 해서 새(新)재, 하늘재와 이우릿재 '사이에' 있다 해서 새(사이)재라 부른다.

새재길 좌우에는 주흘산과 조령산, 부봉, 영봉, 마패봉 등이 에워싸 수려한 경관을 자랑한다. 수많은 등산객이 즐겨 찾는 명산이다.

제천 배론성지

신유박해의 애환을 간직한 순교자들의 성지

천주교에 가해진 첫 번째 대규모 탄압, 신유박해

11살의 어린 순조가 조선 제23대 임금이 되었다. 그러자 증조할아버지 영조의 계비, 정순왕후가 수렴청정(垂簾聽政)했다. 1800년 7월의 일이다. 순조는 정조의 둘째 아들로, 뒤주에 갇혀 죽은 사도세자의 손자이기도 하다.

사도세자가 뒤주에 갇혀 굶어 죽는 데는 그를 몹시 미워한 정순왕후가 절대적인 역할을 했다. 정순왕후는 15살 때 66세 영조의 계비가 되었다. 조정에서는 사도세자의 죽음을 당연시하는 벽파(僻派)와 동정하는 진보 성향의 시파(時派)로 첨예하게 대결했다. 선왕 정조는 남인(南人) 중심의 시파를 조정에 많이 등용했다. 그 때문에 정순왕후를 비롯한 벽파 인사들이 상대적으로 밀려났다. 시파에는 당시 청나라에서 서양문물을 공부하고 온 실학자들이 다수 포진해 있었고, 이들 중 조선에서 갓 태동한 천주교를 신봉하는 사람들이 많았다. 정조가 재위하던 18세기 중후반 이승훈을 위시한 천주교 신도가 크게 늘어나기 시작해 그 수가 무려 1만 명에 달했다고 한다. 이들은 제사를 거부하고 평등사상과 유일신을 신봉해 군신관계를 근간으로 하는 성리학과 유교사상에 정면으로 도전했다. 하지만 정조는 곧 그 기세가 수그러들 것이라며 대수롭지 않게 생각했다.

정순왕후는 수렴청정으로 국정을 주도하며 벽파 인재를 등용하고 남인을 축출하는 정치보복을 단행한다. 순조 1년인 1801년, 언문교지를 내려 반대파인 천주교도 박해 작업에 나섰다. 이때 이용된 것이 5가구씩 하나로 묶어 서로 감시하도록 하는 '오가작통법(五家作統法)'이다. 그 결과 100명의 순교자를 냈고 정약용과 정약전 등 400명이 유배를 떠났다. 박지원과 박제가도 관직에서 쫓겨났다. 한국 천주교에 대대적으로 가해진 첫 번째 탄압, 바로 신유박해(辛酉迫害)다.

이때 박해를 피한 27살의 황사영은 상주 차림으로 서울에서 사는 이씨(李氏)로 위장하고, 충청북도 제천 박달재 고갯길을 몰래 넘어 산속 도점촌으로 숨어든다. 황사영은 16살에 사마시(司馬試)에 합격할 정도로 비상했다. 어린 나이 때문에 벼슬을 할 수 없자 정조가 아까워하며 4년 후의 벼슬자리를 약속할 정도였다. 그사이 황사영은 정약용의 조카딸과 결혼하면서 천주교에 입문했다. 그는 1795년 최초의 외국인 신부 주문모에게 교리를 배웠다.

비단에 쓴 붓글씨가 일으킨 파장

박해를 피해 도점촌으로 들어온 황사영은 신자 김귀동의 집 뒤뜰에 있는 옹기 굽던 토굴에 은신했다. 8개월간 이 토굴에서 생활하면서 처음 몇 달간 그는 지인들을 통해 전국의 박해 상황을 상세히 수집했다. 그리고 사람을 보내 충주장에서 비단을 사오게 했다. 세상을 발칵 뒤집은 '황사영 백서'가 탄생하는 순간이었다.

황사영은 가로 62cm, 세로 38cm 크기의 명주천에 천주교도 박해 상황과 구원 요청 글을 빼곡하게 써내려갔다. 작은 명주 천에 무려 한자 1만 3,384자를 썼다. 붓글씨가 마치 펜촉 글씨처럼 작았다. 황사영은 조선에 교회를 재건하고 신앙의 자유를 얻기 위해 베이징 교구장 구베아 주교에게 박해 상황과 구원 내용을 전달하려 했다. 8개월간 은둔하며 만든 이 백서를 인편을 통해 베이징 동지사(冬至使) 일행에 끼어 주교에게 보내려 했다. 하지만 의금부에 발각되어 백서를 압수당하고 황사영은 9월 29일 체포되었다.

그런데 백서에서 크나큰 문제가 터졌다. 당시 순교 내용과 황사영이 주교에게 제시한 다섯 가지 구원 내용이 종교를 위해 조국을 배반한 글이 되었기 때문이다. 조선 교회에 대한 재정적 도움 요청, 조선 교회와 베이징 교회가 서로 쉽게 연락할 수 있도록 가게를 설립하자는 것, 교황이 청나라 황제에게 서한을 보내 조선이 서양 선교사를 받아들이도록 하라는 것, 청나라 황제에게 말해 조선을 영고탑(寧古塔, 청나라 발상지 흑룡강성의 한 지명)에 소속시킨 뒤 친왕으로 하여금 조선을 보호·감독하게 하고 조선왕을 부마(駙馬, 임금의 사위)로 삼자는 것이었다. 마지막으로 서양의 선박·군사·무기를 얻어와 조선에 출정한 뒤 국왕에게 글을 보내 선교사를 수용하게 하자는 것이 주교에게 제시한 내용이었다.

한 신도가 작성한 글이었음에도 불구하고 종교를 위해 조선을 청에 편입시키자는 내용과 서양 군대를 조선에 출정하라는 내용은 큰 파장을 불러왔다. 박해로 사람들이 죽어가는 절박한 상황이었다 해도, 이 글은 두고두고 비판의 대상이 되었다. 이 백서로 인해 황사영은 그해 11월 5일, 한양 서대문 밖에서 대역부도죄로 능지처참당하고 가족들은 유배를 떠나면서 이 문제가 일단락된다. 이에 앞서 외국인 신부 주문모도 자수해 순교하게 되는데, 청나라 사람이었기 때문에 조선 정부가 한때 전전긍긍하기도 했다.

우리나라 최초의 신학교, 성 요셉 신학교

황사영이 숨어 백서를 쓴 곳이 바로 충청북도 제천시 박달재 인근의 계곡 배론성지(舟論聖地)다. 배론성지는 이곳의 계곡 지형이 배 모양을 닮았다 해서 붙여진 이름이다. 천주교 성지는 국내 여러 곳에 있지만, 배론성지는 황사영 백서 토굴과 최양업 신부의 묘가 있고 국내 최초의 신학교가 세워진 곳이라는 데 의의가 있다.

먼저 우리나라 최초의 신학교인 성 요셉 신학교는 이곳에 살던 신도 장주기(요셉)의 초가를 빌려 1855년에 설립되었다. 책임자는 파리 외방 전교회 소속의 푸르티에 신부와 프티니콜라 신부였다. 하지만

11년 후 대원군에 의한 병인박해(1866년)로 신학교는 문을 닫고 두 신부와 학생들은 순교했다. 신학교 건물은 1950년 한국전쟁 때 폭격을 맞은 후 2003년 다시 초가로 복원하면서 10m 옆으로 옮겨 지어졌고, 원래 자리에는 신학당터 표지석이 세워져 있다.

초가 왼쪽 사잇길로 들어가면 황사영이 은둔하며 살았던 토굴이 있다. 사람 6~7명이 허리를 굽히고 들어가면 꽉 차는 공간이다. 이곳에서 비단 위에 깨알만큼 작은 글씨를 썼다. 지금은 백서의 사본이 전시되어 있고 원본은 의금부 창고에 쌓여 있다가 발견되어 바티칸 교황청 민속박물관에 보내져 그곳에서 보관하고 있다. 토굴을 돌아서 앞으로 나오면 황사영 동상이다. 동상은 황사영의 후손인 한 재일교포가 북한에서 만들어 기증했다고 하는데, 북한의 동상 기법을 그대로 살려 만들었기에 김일성 동상의 옷주름과 유사하다.

'순교자들의 집' 앞에 위치한 하천을 건너 작은 언덕을 오르면 최

최양업 신부 조각공원

양업 신부 조각공원이다. 최양업 신부는 우리나라 두 번째 사제라는 의미가 있는데 신부의 묘가 이 성지에 있다. 최양업 신부는 김대건 신부와 함께 마카오로 신학 유학을 다녀오는 길에 박해와 검문으로 입국을 못 하다가 십수 년이 걸려서야 들어오는 우여곡절을 겪었다. 1861년 경상도에서 전교를 마치고 돌아오는 길에 문경에서 선종했기 때문에 순교자는 아니지만, 신학교가 있는 이곳에 묻히면서 배론성지는 또다시 주목받았다.

"어머니 목 단번에 베이게 칼 잘 갈아달라."

무엇보다도 최양업 신부의 어머니 이야기가 인상 깊다. 최 신부를 비롯해서 6명의 아들을 둔 어머니(이성례, 세례명 마리아)는 남편이 순교하고 자신도 감옥에 갇힌다. 그런데 2살배기 막내 아들에게 먹일 젖이 안 나오자 아이는 굶어 죽고 만다. 어머니는 온갖 고문은 다 견뎌 냈으나 품 안의 자식이 죽자 더 이상 버틸 수 없어 배교하고 만다. 배교를 하면 밖에 나와 제대로 된 음식을 먹을 수 있었기 때문이다.

그러나 최양업이 마카오로 떠난 후 아들을 신학 유학 보낸 어머니라는 명목으로 다시 잡혀간다. 하지만 자식들을 면회 오지 못하게 하고 순교하는데, 이때 최양업 신부는 사람을 보내 어머니가 고통 없이 한 번에 운명할 수 있도록 목을 벨 칼을 잘 갈아달라고 부탁했다는 가슴 아픈 사연이 있다.

조각공원 아래쪽에 있는 배 모양의 거대한 성당이 눈길을 끈다. '바다의 별 성당'이라고 부른다. 특이한 것은 십자가였다. 보통 나무 십자가가 있지만 이곳에는 십자가에 매달린 예수가 있다. 예수님의 왼쪽 (좌도)에는 예수를 조롱한 사람이 목이 잘린 채로, 오른쪽(우도)에는 "나는 죄를 지었지만 저 사람은 죄가 없다." 하고 죽은 사람이 편안한 모습으로 매달려 있는 조각이다.

성당 안의 벽에는 최양업 신부가 쓴 천주가사(天主歌辭) 21편이 전시되어 있다. 오늘날 쓰지 않는 낯선 한글들이 있어 눈길을 끈다. 반대편에는 최양업과 김대건 신부 등의 초상화가 있다.

황사영 동상

2장

그곳에 가면 떠오르는 사람이 있다

영주 무섬마을
육지 속의 섬, 시간도 멈춘 선비의 고장

조지훈의 시 〈별리〉의 배경이 된 시골 마을

20살 새신랑은 새색시와의 하룻밤을 뒤로한 채 다음 날 서울로 떠난다. 초록저고리 다홍치마를 입은 새색시는 수줍은 듯 난간에 몸을 가린 채 낭군님의 뒷모습만 바라본다. 기와지붕 너머 푸르른 하늘의 흰 구름 한 점, 개천실버들 가지가 산들거릴 적마다 말 방울소리는 멀어져간다. 새신랑도 새색시도 가슴이 미어진다. 슬픔의 눈물방울 뚝, 고개 들어 먼 길 바라보니 어진 낭군님은 그림자조차 보이지 않는다. 오, 내 님아.

이는 청록파 시인 조지훈의 서정시 〈별리(別離)〉에 담긴 내용이다.

우리네 아름다운 시골마을의 옛 풍경이 물씬 느껴진다. 그리고 갓 소녀티를 벗은 새색시의 모습이 눈에 선하다. 〈별리〉에서 그리는 풍경은 상상 속의 마을이 아니다. 1930년대 경상북도 영주시 문수면 무섬마을(수도리)의 정경이다. 조지훈의 처가 마을이기도 하다.

조지훈은 20살이 되던 1939년, 이 마을의 김난희 여사와 결혼해 하룻밤을 보내고 서울 혜화전문학교로 향했다. 아내를 남겨두고 서울로 돌아가야 했던 그는 이별하는 새색시의 안타까운 심정을 담은 시를 짓고 '별리'라는 제목을 붙였다. '이별'이라고 하면 영영 이별할까 두려워 제목을 거꾸로 지었다는 이야기가 있다. 〈별리〉는 이 마을의 아름다운 풍경과 이별에 대한 안타까움을 손에 잡힐 듯 잘 묘사한 작품이다.

물길이 품은 마을과 S자 외나무다리

무섬마을은 물길이 한 바퀴 돌아 마을이 섬처럼 떠 있는 '물'과 '섬'이 합쳐진 곳이다. 한자어로 수도리(水島里)라 불리는 이 마을은 시(詩)에도 등장할 만큼 아름다운 옛 시골 풍경을 고스란히 간직하고 있다. 마을에 들어서는 순간 마치 시간이 멈춘 것만 같았다. 이 순간이 오래 지속되길 바라는 마음으로 무섬마을을 바라보았다.

태백산에서 내려온 물과 소백산에서 내려온 물이 합쳐진 내성천이 마을 앞을 휘감아 흐른다. 은빛 고운 모래와 넓은 개천을 가로질러 외나무다리 하나가 놓여 있다. 무섬마을의 진정한 주인공은 350년 전부터 이어져 내려온 전통가옥과 조상들의 자취와 숨결이다. 그런데 지금 여행객들에게는 오히려 이 외나무다리가 더 유명한 관광 아이콘이 되었다. 어디에나 있는 한옥보다 '어디에도 없는 외나무다리'가 더 주목받는 것을 굳이 말릴 수도 없는 일이다.

무섬마을은 향토색 풍기는 시 속의 마을이요, 이상향 같은 곳이다. 드라마 〈사랑비〉에서도 무섬마을의 풍경을 담아냈다. 눈으로 풍경을 즐겼다면 하룻밤 묵으며 마을의 내력도 살펴보자. 한 촌락의 형성과 부침, 그리고 오늘날의 모습까지 볼 수 있다.

반남 박씨와 선성 김씨의 350년 된 집성촌

1666년(현종 7년)에 반남 박씨가 이곳에 처음 입촌했다. 농토가 없고 척박한 땅이던 이곳에 강 건너 머럼마을(원암)의 박수 선생이 분가해 들어왔다. 마을 중앙에 위치한 만죽재가 바로 입향시조(入鄕始祖)의 집이다. 집 중수 때 발견된 기와에 '광희 5년 병오 8월 19일'이라는 글귀가 적혀 있어 귀중한 자료가 되었다.

세월이 흘러 입향시조의 증손녀 대에 선성 김씨인 김대 선생이 결혼해 이 마을에 들어왔다. 그때부터 오로지 반남 박씨와 선성 김씨 두 가문만이 살고 있다. 김대 선생 입향 때가 1757년(영조 33년)이었다.

농토도 없는 이 마을은 지금 영주의 최대 부촌이 되었다. 마을에는 농지가 없지만 강 건너 빙 돌아 30리까지의 농지 대부분을 이 마을 주민들이 소유하고 있다. 마을의 내력을 설명해주신 주민 김광호 선생

영주 무섬마을

외나무다리

도 이건 미스터리라고 표현했다. 의외로 천석꾼이 많았고, 농토를 빌려주고 풍류를 즐기는 여유로운 삶을 영위했다고 한다.

이 신기한 내력에 관해서는 오로지 추측만 가능할 뿐이다. 초창기에는 강 건너 동네에서 농사를 조금 짓고, 어렵사리 길쌈을 해 돈이 모이는 대로 땅을 샀을 것이다. 모래톱뿐인 이곳의 척박한 환경이 사람들을 더욱 억척스럽게 만든 것으로 보인다.

그리고 안동 지역에서 들어온 선성 김씨 일가로부터 경제적 지원이 있었을 것이다. 근면했던 주민들은 차곡차곡 자산을 불려나갔고 일정 규모를 넘어서면서 자산이 기하급수적으로 늘어났을 것이라 추측할 수 있다. 가까운 과거에는 거상도 탄생해 부촌의 정점에 올라서기도 했다.

마을 사람들은 입향시조 때부터 벼슬길에 나가지 않았고 자손들에게도 그렇게 교육했다. 또한 무슨 일이든 앞장서서 나서지 않았다. 과거시험에 응하면 자기 자신은 영달하지만 자손복과 재물복이 없어진다는 점술가의 말 때문이었다. 먹고사는 데는 부족함이 없었으니 학문은 익히되 풍류를 즐기며 살았다. 그래서 고종 때 병조참판 벼슬을 지낸 것이 유일하다. 하지만 지금은 이 마을 출신 중 약 20명이 전국의 대학에서 교수로 있을 만큼 선비의 고장이다.

무섬마을에 와보면 누구든지 아무 시름없이 세월을 잊고 푹 노닐고 싶어할 것이다. 무섬마을을 찾는 여행객은 여러 유형이 있다. 전통 가옥에 관심이 있는 사람들은 고택 탐방을 하며 고즈넉한 마을 풍경을 감상하고, 사진작가들은 이곳저곳에 자리를 잡고 작품에 몰입한다. 그리고 대부분의 사람들은 외나무다리를 건너갔다 온다.

선비의 고장에서 즐기는 특별한 고택 탐방

'선비의 고장'인 영주에서도 대표적인 반촌(班村)인 무섬마을을 탐방해보자. 먼저 다리 앞에 있는 해우당 고택을 둘러보자. 전면의 대문을 중심으로 좌우에 큰사랑과 작은사랑을 두었다. 우측의 큰사랑은 지반을 높여 원주(圓柱)에 난간을 돌려 누마루(다락처럼 높게 만든 마루)를 꾸민 것이 특징이다. 경상북도 북부지방의 전형적인 'ㅁ'자형 가옥의 평면구성을 갖추었고 무섬마을에서 규모가 가장 큰 집이다. 해우당 고택의 김락풍 선생에게 흥선대원군이 직접 써준 '해우당(海愚堂)' 현판도 눈길을 끈다.

이어 만운고택이 보인다. 바로 이 만운고택이 시인 조지훈의 처가다. 집 앞의 안내판에 '영주 수도리 김뢰진'이라 적혀 있는데 이를 못 보고 무심코 지나치기 쉽다. 김뢰진 선생은 시인 조지훈의 사촌 처남이다. 이 집은 현재 '一'자형 사랑채와 정침(正寢)인 '까치구멍집'으로 되어 있다. 마을의 집과 집 사이의 예쁜 담장들은 처음에는 없었으나 마을을 정비할 때 만들었다고 한다.

근처 오헌고택에서는 재미있는 현판을 볼 수 있다. '오헌(吾軒)'은 말 그대로 '나의 집'이란 뜻인데 작은 글씨로 설명까지 곁들인 보기 드문 현판이다. "모든 까마귀들도 자기 집이 있는 것을 기뻐하는데 사람인 내가 내 집과 함께하는 것이 기쁜 일이 아닌가."라는 내용이다. 반남 박씨인 연암 박지원의 손자, 박규수의 글이다.

뒤쪽에는 만죽재(晚竹齋)가 있다. 입향시조 박수 선생이 이 마을에 들어오면서 지은 이 마을에서 가장 오래된 집이다. 1666년에 지었으니 350년 가까이 되었다. 안마당을 중심으로 정면에 5칸의 정침을 두어 전체적으로 'ㅁ'자형 평면구조다. 사랑채만은 그 격을 높여 지었다.

그 옆은 무송헌(撫松軒) 종택이 자리한다. 무송헌 김담(1416~1464년)은 세종대왕 시절 집현전에서 벼슬을 했는데 어떻게 이곳에 둥지를 틀었을까? 원래 무송헌 종택은 다른 지역에 있었지만 후손들의 노력으로 이곳에 종택을 모시게 되었다고 한다. 전면과 측면 각각 5칸의 'ㅁ'자형 집이다. 옆에는 김담 선생의 사당도 있다.

다시 골목길 앞쪽으로 나오면 농당고택이 있다. 행랑채를 들어서면 넓은 마당의 'ㅁ'자형 집이 인상적이다. 의친왕이 수려한 필체로 '농당(農堂)' 현판 글씨를 썼다. 그 옆은 선성 김씨 입향시조인 위당고택이 있다. 집은 본채와 별채가 붙어 'ㅡ'자형을 이루고 있다.

마을 끝의 아담한 초가집도 눈여겨보자. 길게 뻗은 정원에 예쁘게 단장된 화초가 초가와 환상적인 조화를 이룬다. 의외로 사진작가들이 가장 오래 머무는 집이라고 한다. 훌륭한 작품은 못 찍더라도 기념사진 정도는 찍고 가면 좋을 듯싶다. SBS 〈잘 먹고 잘 사는 법〉에 두 번

무섬마을 전경

이나 방송된 집이다.

이렇게 무섬마을을 돌며 다양한 고택을 감상하다 보면 더욱더 풍성한 여행을 만끽할 수 있을 것이다.

광양 매화마을
매실이 식탁 위에 올라오기까지

외로움 속에서 일구어낸 45만 평의 매화동산

23살의 밀양 아씨 홍쌍리가 전라도 광양 산골마을로 시집온 것은 1965년이었다. 집 앞에 섬진강이 유유히 흘러가는 아름다운 마을이 었지만 먹고살기가 막막했던 시절, 이 산골마을에는 말동무조차 없었 다. 감수성이 풍부했던 홍쌍리 새댁은 남달리 외로움을 많이 탔다. 결 혼한 지 한 해가 지나고 하루는 집 뒷산에 올랐다. 이날따라 하얀 백 합이 유난히 가슴속 깊이 사무쳤다. 그 꽃잎 속에 눈물이 방울방울 맺 혀 있는 듯했다. 꽃잎을 툭 쳤다. 눈물이 또르르 쏟아졌다. 홍쌍리 새 댁의 입에서 갑자기 시가 흘러나왔다.

"외로운 산비탈에 홀로 핀 백합화야, 니 신세나 내 신세나 와 이리 똑같노. 그렇지만 니는 니 향으로 산천을 다 보듬지만 나는 사람이 그리워서 몬살겠다."라고 읊조리며 앞을 바라보았다. 저 멀리 앞에는 지리산이요, 등 뒤에는 백운산이 받치고 섰고, 가운데 흐르는 섬진강의 물안개는 솜이불을 덮어놓은 양 아름다웠다. 문득 홍쌍리 새댁은 '내가 오늘 살다 내일 도망갈지라도 이곳에 천국을 한번 만들어봐야겠다.'라는 생각이 불타올랐다.

그 하얀 꽃에 반한 홍쌍리 새댁은 시아버지가 심어둔 매화나무를 늘려나가기로 했다. 하얀 매화가 만발할 아름다운 동산을 꿈꾸면서 그 넓은 밤나무동산에 매화나무를 심기 시작했다. 아무도 거들떠보지 않는, 돈도 안 되는 매화나무가 밤나무의 자리를 차곡차곡 채워나갔다. 밤을 1가마 팔면 쌀 2~3가마를 살 수 있었던 시절에 이 젊은 새

눈꽃처럼 핀 백매화

매화꽃 너머 흐르는 섬진강

댁은 너무나도 엉뚱한 일을 시작한 것이다. 매실이 열려도 동네 사람 아무도 관심을 가지지 않았지만 홍쌍리 새댁은 가파른 산 위까지 기어올라가 매화나무를 빼곡히 심었다. 45만 평 동산의 잡초를 다 뽑고 매화를 심는 동안 5년이 훌쩍 지났다.

매화 꽃망울 터지던 날 법정 스님 오시다

홍쌍리는 외로웠지만 이렇게 꿈은 영글어갔다. 그러나 그것도 잠시뿐이었다. 시아버지와 시숙부가 남양(경기도 화성)에서 광산업으로 망한 후로 하루가 멀다 하고 빚쟁이들이 달려들어 엉키고 찢기고 하는 일이 일상사가 되어버렸다. 옷이 찢기고 머리카락은 뽑히고 몸에 멍들지 않은 날이 없었다. 45만 평의 땅도 날렸다. 견디다 못해 머리를 짧게 자르고 미제 스모바지에 야전점퍼를 입으며 11년간 버티며 살았다. 다시 땅을 조금씩 찾아왔지만 단아하고 곱던 여인은 하루아침에 남정네 차림이 되었다.

빚더미로 힘든 시절을 보내던 어느 봄날, 하얀 매화가 눈꽃같이 피던 날 스님 한 분이 찾아왔다. 스님은 매화동산을 거닐었다. 그 후에도 꽃이 피면 찾아왔다. 홍쌍리 여사는 '웬 중이 자꾸 오나.' 하고 생각했다. 스님은 매화동산을 둘러보면서 뭐라고 한마디씩 툭툭 내뱉고 갔다. 그러기를 몇 차례, 스님이 찾아오면 홍쌍리 여사는 자신도 모르게 스님 뒤를 졸졸 따라다니며 동산을 거닐게 되었다. 스님은 "여긴 이렇게, 저긴 저렇게 나무를 심어라." "집은 이렇게, 길은 저렇게 내라." 등의 조언을 했다. 홍쌍리 여사는 최면에 걸린 듯 스님이 하라는 대로 따라하며 바쁜 나날을 보냈다. 그 스님은 바로 법정 스님이었다. 송광사 불일암에서 수행하던 시절 이곳을 자주 찾은 것이다. 이후 스님은 홍쌍리 여사를 딸처럼 대하고 매화동산 가꾸는 일에 '훈수'했다.

어느 날 법정 스님은 "좌청룡 우백호에 코가 있고 입이 있는데 턱이 없다."라고 했다. 그 말이 도통 무슨 소리인지 알 수 없었던 홍쌍리 여사는 나중에야 그 말의 의미를 깨달았다. 꺼진 땅을 두고 한 말이었던 것이다. 법정 스님은 이어 "김대중 대통령의 헬기가 앉을 자리를 만들 수 있는가?"라고 해서 그 땅을 다 메우고 나니, "이제 턱이 있어 됐다."라고 하면서 "빚 많이 졌지? 이제 이 땅 팔고 나가지만 않으면 밥은 먹고 산다." 하며 홍쌍리 여사를 이 땅에 붙들어 맸다. 이후에도 법정 스님은 강원도와 서울에 머물면서도 홍쌍리 여사가 도움을 요청하면 한걸음에 달려와 홍쌍리 여사의 일을 도왔다.

매실, 마침내 음식이 되다

지금은 전 국민의 관광지가 된 '매화마을'은 이렇게 탄생했다. 그중에서도 주인공이라 할 수 있는 건 대한민국 식품명인 제14호 홍쌍리 여사가 운영하는 '청매실농원'이다. 홍쌍리 여사는 아무도 쳐다보지 않던 매실을 우리 식탁에 올린 장본인이자 전남 광양시 다압면 매화마을의 대명사다. 호남의 명산인 백운산 자락에 터를 잡고 섬진강 물줄기를 빨아들여 향기로운 매화꽃을 피운 뒤 봄바람에 날려 보냈다. 이웃들도 이젠 홍쌍리 여사를 따라 매화농장을 가꾸기 시작했다. 섬진마을 거리마다 길게 줄지은 매화꽃은 이제 섬진강을 따라 10km 넘게 수놓고 있다. 광양이 매화의 본향(本鄕)이 된 것이다.

매화는 남도에 봄이 도착했음을 알리는 전령사다. 이 매화를 보고 싶어 나는 또 새벽길을 떠났다. 나는 매화와 떼려야 뗄 수 없는 인연을 갖고 있다. 시골에서 자란 어린 시절, 매화초등학교와 매화중학교를 다녔다. 학교가 있는 곳이 매화리(梅花里)였고 5리(약 2km) 떨어진 고향마을은 금매리(金梅里)다. 내가 처음 도회지로 나왔을 때 '매화중학교'라는 이름이 조금 유치하다는 생각도 들었지만 이는 순전히 '무슨 학교 이름이 매화냐'는 아내의 놀림 때문이었다. 지금은 '매화' 하면 가슴이 뛴다. 미칠 만큼 사무치고 자랑스럽다.

새벽 3시에 출발해 외곽순환고속도로를 시작으로 남해고속도로까지 차를 타고 달리자 아침 8시가 조금 넘어서야 광양에 도착했다. 동광양 나들목을 빠져나오니 드디어 길가에 꽃이 보이기 시작했다. 언뜻 봐도 매화다. 오랜만에 만난 친구처럼 반가웠다. 과연 남녘이었다.

서울에서는 아직 꽃을 볼 수 없었는데, 남북으로 긴 한반도의 기온차가 이렇게 컸다.

섬진강 매화마을을 일군 원조 청매실 농원으로 가서 홍쌍리 여사와 정유인 부사장을 만났다. 단아한 모습에 모자를 쓴 홍쌍리 여사는 이 매화동산을 일구어낸 무척이나 유명한 분이다. 홍쌍리 여사와 마주 앉았다. 내가 "호칭을 어떻게 해야 좋을지 모르겠습니다."라고 했더니 "매실아줌마도 좋고예, 매실할매라 불러도 좋지예."라고 대답하며 웃으셨다. 홍쌍리 여사는 매화동산이 탄생하기까지의 숱한 애환과 이야기들을 들려주셨다. 죽을 고비도 몇 차례나 넘겼다고 한다. 홍쌍리 여사의 삶은 '눈 속에서도 꽃망울을 터뜨리는 매화' 그 자체였다. 홍쌍리 여사는 시적 감각도 뛰어났는데 1시간 남짓한 대화 도중에도 시가 몇 편이나 술술 흘러나왔다. 책도 여러 권 내신 분이었다.

지역경제 살리는 기특한 매화

넓은 마당에는 매실을 담가둔 옹기 2천여 개가 줄지어 있다. 이른 시각인데도 관광객이 구름떼처럼 몰려들었다. 내가 찾은 날에는 백매화가 산비탈 아래쪽에서는 절반 이상 핀 상태이고, 높은 고도에서는 아직 피지 않은 상태였다. 같은 땅이지만 약간의 고도차에도 꽃망울은 섬세한 차이를 드러냈다. 반면에 홍매화는 활짝 피어 마을을 온통 붉게 물들이고 있었다. 홍매화 사이로 유유히 흐르는 섬진강이 멋스럽다.

매실을 담가둔 옹기

    이 일대는 섬진강을 따라 30리 길에 매화꽃이 피어 향을 날린다. 대나무숲을 지나고 농원 가운데쯤 이르니 임권택 감독의 영화 〈천년학〉 촬영장이 운치 있게 자리하고 있다.

    청매실농원 아래쪽 광장에는 매화축제 준비가 한창이었다. 매화축제는 1995년 홍쌍리 여사가 마을 사람들과 동네 축제로 시작해 이후 광양시가 주도하기에 이르렀고 2012년부터는 국제적인 축제로 격상시켰다. 매년 매화축제를 찾는 관광객이 100만 명에 이른다고 한다. 매화가 피는 약 한 달간은 지역 주민 수십 명이 청매실농원에서 농산물을 판다. 이곳에서 한 달 동안 농산물을 판매해서 얻는 수익이 한 해 농사로 거두는 수익보다 많다고 하니 '큰 장'이 서는 셈이다. 은은한 매화향은 이처럼 시골 마을의 지역경제도 살리고 있었다.

제천 옥순봉

퇴계를 사모한 애틋한 두향 이야기

퇴계와 두향의 운명적 만남

18살의 관기(官妓) 두향은 빼어난 미모에 시와 거문고에 능했다. 어린 나이에 매화 가꾸는 재주도 뛰어났다. 미모와 지성을 두루 갖춘 두향은 새로 부임하는 군수(사또)를 모실 관기로 배정받았고, 영특했던 그는 사또의 취향을 미리 파악하며 맞을 준비를 모두 마쳤다.

1548년 정월, 조선 최고의 학자 퇴계 이황이 단양 군수로 부임했다. 그의 나이 48세였다. 나이와 신분을 초월한 이 둘의 운명적인 만남은 이렇게 시작되었다. 퇴계는 부임 전후 몹시 힘든 시기였다. 첫 부인에 이어 두 번째 부인과도 사별했고 을사사화로 삭탈관직 되었다

옥순봉

가 복직되고 자원한 단양 군수였다. 또 부임 한 달 만에 둘째 아들 채
(寀)마저 잃었고, 자신은 늘 병마에 시달렸다. 선비의 기품은 조금도
흐트러짐이 없었으나 그도 마음만은 아팠던 때였다. 그 무렵 두향이
곁에 있었다.

두향은 구담봉과 옥순봉 근처 두항리(斗項里)라는 마을에서 태어
나고 자랐다. 2살 때 아버지를 여의고 10살 때 어머니까지 잃은 두향
역시 외로운 처지에서 관기 신분이 되었다. 그의 이름은 마을 이름과
비슷한 발음을 따와 두향(杜香)으로 지었다.

자라면서 옥순봉의 아름다움을 발견하고 이에 빠져 있던 두향은
청풍(현재의 제천)의 관할이었던 옥순봉을 단양에 편입시켜달라고 새
사또 퇴계에게 청을 넣었다. 하지만 청풍부사가 이를 거절했다. 그러

자 퇴계는 옥순봉 석벽에 '단구동문(丹丘洞門)'이라는 글을 새겨 '단양의 관문'임을 선언했다. 훗날 청풍부사가 그 글씨에 감탄했고 퇴계는 옥순봉을 단양팔경 중 하나로 편입했다. 지금은 물론 제천 땅이다.

이 단구동문 암각은 안타깝게도 호수 속에 잠겨 있다. 군수는 어떻게 관기의 그 어려운 청을 소중히 받아들였을까? 퇴계의 마음을 흔든 두향이 무척 좋아했던 매화는 오래전부터 퇴계의 벗이기도 했다. 이를 이미 간파했던 두향은 남자의 마음을 움직일 줄 알았던 것이다.

하루는 두향이 퇴계에게 매화를 선물했다. 두향이 선물한 매화는 돌아가신 어머니가 물려준 것으로 두향이 8년간이나 길러온 화분이었다. 청백리(淸白吏)인 퇴계는 그것도 뇌물이라 생각해 받기를 거부했다. 그러자 두향은 "매화는 고상하고 격조가 높으며 향기로운 데다가 엄동설한에도 굽힘이 없는 기개를 가졌으니 우리 고을도 그렇게 잘 다스려달라."며 퇴계를 설득했다. 이 말을 들은 퇴계는 흔쾌히 선물을 받아들였다. 두향이 퇴계의 마음을 얻으려고 철저히 준비한 전략이기도 했다.

단양팔경 완성, 그리고 이별

외로운 두 사람은 산수가 수려한 남한강 주변을 다니며 시를 읊고 거문고를 탔다. 그리고 함께 단양팔경을 완성해냈다. 하지만 이들의 사랑이 오래가지는 못했다. 퇴계가 단양 군수를 10개월 만에 그만두게 되어 이별을 맞는다. 퇴계는 자신의 친형 온계 이해가 충청도 관찰사(도지사)로 부임하자 이웃인 경상도 풍기 군수로 자원한다. 10개월의 짧은 만남, 이들은 이별의 술잔 앞에 앉았다. 퇴계가 무겁게 입을 열었다. "내일이면 떠난다. 기약이 없으니 두려울 뿐이다." 말없이 먹을 갈던 두향이 붓을 들었다. 그러고는 서글픈 심정을 시 한 수로 표현했다.

> 이별이 하도 설워 잔 들고 슬퍼 울제
> 어느덧 술 다하고 님마저 가는구나
> 꽃 지고 새 우는 봄날을 어이할까 하노라

이후 두 사람은 영영 만날 수 없었다. 퇴계가 떠나자 두향은 후임 군수에게 자신이 다른 남자를 모실 수 없다고 전한다. 그러고는 관기에서 나와 고향마을 강선대(降仙臺) 옆에 초가를 짓고 퇴계를 그리워하며 외롭게 생활한다. 단숨에라도 달려가 만나고 싶었지만 공직에 있는 퇴계를 위해 그럴 수 없다는 것을 잘 아는 두향이었다. 퇴계 역시 두향을 잊지 못했다.

> 누렇게 바랜 옛 책 속에서
> 비어 있는 방 안에 초연히 앉았노라
> 매화 핀 창가에서 봄소식을 다시 보니
> 거문고 마주 앉아 줄 끊겼다 한탄 마라

두향의 묘소

퇴계 선생과 노닐던 거북바위에 묻어다오

퇴계는 풍기에서도 병을 이유로 1년 만에 사직하고 토계(안동)로 낙
향한다. 명종과 선조의 끊임없는 벼슬 임명에 잠시 한양 생활도 했지
만 줄곧 고향에서 후학을 양성하며 살았다. 두향과 떨어져 산 지 어언
20여 년, 퇴계는 일흔의 나이(1570년)에 몸져 눕는다. 이 소식을 들은
두향은 당장에라도 달려가고 싶었지만 역시 갈 수 없는 몸, 멀리서나
마 정화수 앞에서 눈물로 기도를 올린다. 하지만 퇴계의 병색은 나아

지지 않았고, 그해 음력 12월 "저 매화나무에 물을 잘 주어달라."라는 말 한 마디 남기고 눈을 감는다. 두향은 통곡했다. 영영 이별이 두려웠던가. 두향은 며칠을 굶다가 집 근처 강선대에 올라 강물에 몸을 던져 퇴계를 따랐다. 유서도 남겼다. "내가 죽거든 무덤을 강가 거북바위에 묻어다오. 거북바위는 내가 퇴계 선생을 모시고 자주 인생을 논하던 곳이니⋯."

여운이 가시기 전에 퇴계와 두향의 사랑 이야기가 살아 숨 쉬는 구담봉과 옥순봉으로 떠나보자. 구담봉과 옥순봉은 호숫가에 우뚝 솟은 암벽기둥이다. 가장 일반적인 관광은 청풍호(충주호) 유람선 선착장이나 단양 장회나루에서 유람선을 타는 것이다.

유난히 추운 겨울이었지만 주말이라 가족이나 친구와 함께 온 여행객들이 꽤 많았다. 추운 날씨 속에 듣는 애절한 사랑 이야기에 두향이 더욱 애처롭게 느껴졌다. 동행한 이해송 선생은 두향의 원혼을 달래는 제례를 10년간 참석했는데 그때마다 비가 내려 필시 '두향의 눈물'일 것이라고 말했다.

잠시 감성에 젖어 있을 무렵, 유람선이 이윽고 두향의 묘소 앞을 지난다. 묘한 느낌이 든다. 이어 서쪽으로 가는 배가 동쪽을 바라보는 구담봉 앞에 다가가니 거대한 암벽산이 물길을 가로막아 장관을 연출한다. 배는 서서히 암벽 아래까지 다가가다가 북쪽으로 90° 꺾고 곧바로 다시 서쪽으로 급하게 튼다. 이곳에서는 배가 파노라마 장면을 보여주듯 유유히 흘러간다. 저만치 앞에 옥순봉이 모습을 드러냈다. 마치 퇴계와 두향의 사랑 이야기를 품 안에 고이 간직하고 있는 것처럼 다가왔다.

퇴계는 단양의 경치를 구경하고 쓴 『단양산수가유자속기(丹陽山水可遊者續記)』를 통해 당시 풍경을 생생하게 남겼다. 옥순봉에 대해 "그 높이는 1,100장(丈)이 될 만한데 기둥처럼 우뚝 버티어 섰고 빛깔은 푸르기도 하고 희기도 했다. 푸른 등나무와 고목이 우거져 멀리서 바라보기는 하되 오르지는 못하겠다. 이 모양을 보고 '옥순봉(玉荀峯)'이라 이름 붙인다."라고 했다.

퇴계와 두향의 애틋한 사랑의 연결고리, 매화

옥순대교 아래에서 되돌아오는 코스는 경치가 특히 빼어나다. 지금은 호수로 물이 높이 찼지만 퇴계와 두향이 거닐던 시절에는 그저 남한강이었다. 그러니 옥순봉이 더 높게 느껴졌을 법하다. 또 옥순봉 아래 물길은 '화탄(花灘)'이라 부르는데 예부터 물길이 용솟음치고 유속이 빨랐다고 한다. 퇴계는 구담(龜潭)에 대해서 "물이 장회탄으로 흘러 서쪽 구봉(龜峯)의 벼랑에 부딪혀 맴돌아 구담의 첫머리가 되었고, 북쪽으로 돌아 서쪽으로 꺾으면서 구담의 허리 부분이 되었으며, 꼬리는 채운봉의 발치에서 끝났다."라고 묘사했다. 유람선에서 이미 본 풍경과 퇴계의 설명이 완전히 일치했다.

퇴계는 이 주변의 경치에 대해 세세하게 설명을 남겼는데, 그때까지 이름도 없던 봉우리에 직접 이름을 붙여주었다고 한다. 퇴계 선생은 이 경치를 두고 "중국의 소상팔경(瀟湘八景)보다도 낫다."라며 격찬했다. 아름다운 경치를 조선의 다른 선비인들 놓칠 리 없다. 퇴계는 물론 수많은 선비들이 이 풍경을 멋진 시로 남겼고, 단원 김홍도는 옥순봉을 바라보며 〈옥순봉도〉를 남겼다. 조선 최고의 화가 김홍도가 바라본 옥순봉과 작품을 비교해보는 것도 놓칠 수 없는 부분이다.

퇴계는 평소 매화를 좋아해 이를 소재로 쓴 글만 해도 1,180편이 넘는데 대부분이 두향과 함께한 이후 쓴 작품이다. 현재 천 원짜리 지폐에 퇴계가 그려져 있다. 도산서원과 그 위로 매화 20여 송이가 드리워져 있다.

봉화 계서당

『춘향전』 이몽룡의 모델 성이성을 만나다

이몽룡의 실존 모델 성이성

기생들의 노래가 절정을 향하고 호남 12읍 수령이 얼큰히 취해갈 즈음, 한 걸인이 불쑥 연회장으로 뛰어들어 술을 한잔 청했다. "네 이놈, 이 자리가 어떤 자리인 줄 알고 그러느냐? 네 놈이 시를 지을 줄 알면 함께 어울려도 좋을 것이요, 그렇지 못하면 당장 돌아갈지어다." 불호령이 떨어지자 걸인은 붓과 종이를 청해 시 한 수 읊는다.

> 동이 안의 맛있는 술은 천 사람의 피요
>
> (樽中美酒 千人血, 준중미주 천인혈)

소반 위의 좋은 안주는 만백성의 기름이며

(盤上佳肴 萬姓膏, 반상가효 만성고)

촛물 떨어질 때에 백성의 눈물 떨어지고

(燭淚落時 民淚落, 촉루락시 민루락)

노랫소리 높은 곳에 원성 높도다

(歌聲高處 怨聲高, 가성고처 원성고)

시를 본 수령들의 눈이 휘둥그래질 즈음 "암행어사 출두야!"라는 외침 속에서 연회장은 아수라장이 된다.

'춘향전 같은 춘향전' 이야기다. 하지만 이 걸인의 시는 『춘향전』이 나오기 100여 년 전에 성이성(成以性)이 한시로 지은 것이다. 훗날 『춘향전』에 등장하는 이몽룡의 실존 모델인 성이성이다. 이 시는 성이성의 현손(玄孫)의 문집에 고스란히 기록되어 전해진다. 『춘향전』은 온 국민의 사랑을 받는 소설로 판소리 12마당 중 하나다. 영조와 정조의 재위기간인 1724~1800년 전후의 작품으로 추측할 뿐 작자와 창작연대가 미상이다. 국문소설 『춘향전』은 판소리로 불리다 소설로 정착된 것이다. 『춘향전』에 등장하는 이몽룡과 성춘향의 사랑 이야기가 실제 있었던 이야기라 하니 흥미를 불러일으킨다.

한국판 로미오와 줄리엣 성지

한국의 대표 국문소설이자 신분을 초월한 로맨스의 주인공 성이성의

성이성의 생가 계서당

고택인 계서당은 '한국판 로미오와 줄리엣의 성지'나 다름없다. 남원이 이몽룡과 성춘향의 러브스토리의 현장이라면 봉화는 그 발원지이기 때문이다.

이몽룡은 1639년 실제로 호남 암행어사로 내려간 성이성이다. 그는 선조 28년(1595년) 경상북도 봉화(당시 영주)에서 태어나 현종 5년(1664년)에 세상을 뜬 청렴한 선비였다. 『춘향전』이 등장하기보다 적어도 100년 이상 이전에 살았다.

성이성은 13살(1607년)에 남원부사로 부임받은 아버지 부용당 성안의를 따라 남원으로 갔다. 1차 임기를 마치고 연임해 남원에서 4년을 보내면서 어엿한 청년기를 맞았다. 17살이 되던 해 아버지가 광주목사로 전근하면서 남원에서의 생활은 끝이 난다. 청소년기에 남원에서 보낸 4년 동안 성이성에게 무슨 일이 있었을까?

광주로 내려간 두 부자는 당시 광해군의 어지러운 세상 속에서 미런 없이 관직을 버리고 고향으로 돌아온다. 성이성은 고향집에서 학문에 정진했고 22살에 경시(京試), 33살에 식년문과에 급제해 세상에 이름을 알린다.

경상도와 충청도 암행어사를 거쳐 세 번째 암행어사로 부임받은 성이성은 마침내 남원을 떠난 지 28년 만인 1639년(45세)에 호남 암행어사가 되어 남원으로 간다. 이곳에서 성이성은 어린 시절의 스승인 산서 조경남(1570~1641년)을 만나 광한루에서 밤새 회포를 푼다. 술잔을 기울이던 성이성은 옛 추억이 떠올라 스승에게 이곳에서 춘향이와 사랑을 나눈 이야기를 털어놓는다.

스승 조경남은 묵묵히 들은 뒤 이 이야기를 바탕으로 글을 꾸민다. 성이성의 이름은 '이몽룡'으로, 그리고 그의 성(姓)인 성(成)씨는 춘향에게 붙여 '성춘향'으로 등장시켰다. 당시 양반이 기생 집안과 사랑을 논했다가는 큰일이 나는 시대였으니 성과 이름을 바꿀 수밖에 없었다. 하지만 그 흔한 성들을 두고 굳이 춘향을 성(成)씨로 한 것은 성이성이 이 이야기의 주인공임을 암시했던 것이다.

조경남은 조광조의 후손으로 임진왜란 때 왜적을 무찌른 무인이자 『난중잡록』『속잡록』 등 저술도 많이 한 남원의 인물이다. 성이성이 어린 시절을 남원에서 보내며 그를 스승으로 모셨다. 조경남은 13살에 난리를 예견해 일기를 썼다는 일화가 유명하다.

한국 최고의 로맨스 소설이자 4대 국문소설의 하나인 『춘향전』의 모델, 성이성의 실화가 350년 만에 세상 밖으로 나온 것은 불과 20여 년 전의 일이다. 창녕 성(成)씨 양반 가문에서 기생과의 사랑 이야기가 세상에 알려지는 것은 큰일 날 일이었기에 이 사실을 숨겨왔다. 그러던 중 한 대학교수의 열정으로 베일이 벗겨진 것이다. 지난 1999년 연세대학교 설성경 교수가 '이몽룡의 러브스토리'라는 주제의 논문을 발표하면서 이와 같은 새로운 사실이 드러났다. 성이성의 남원에 관한 행적들은 후손들이 쓴 문집에도 고스란히 전해지고 있다.

임금도 놀라 넘어지게 한 '성 어사의 눈빛'

이 재미있는 이야기를 듣고 이몽룡의 모델이 된 성이성이 살았던 고향집 경북 봉화에 가보지 않을 수가 없었다. 봉화군 물야면 가평리 301번지, 당시에는 영주 땅이었다. 지금은 성이성의 13대손 임천 성기호 종손 내외가 살고 있다. 마루에 걸터앉은 성기호 선생은 성이성과 춘향의 이야기를 조심스럽게 꺼냈다. 성기호 선생은 "성이성 어르신은 실제로는 이몽룡의 캐릭터와는 다소 다른 품성을 갖고 있다."라고 했다. 필요한 말이 아니면 한 마디도 아니하고 조용히 자기 할 일만 하는 점잖은 선비였다고 한다. 그러나 사춘기 때 춘향을 만났으니 남자인 그도 어찌 사랑의 감정을 피해갈 수 있었으랴. 성기호 선생의 선친 때까지만 해도 이 이야기가 세상 밖에 알려지는 것은 상상도 할 수 없었다고 한다.

성이성은 외가인 영주에서 태어나자마자 이곳 본가로 왔다. 태어나면서부터 눈에 광채가 돌아 어머니가 젖을 먹일 때에도 눈을 가리고 먹였다고 한다. 훗날 성이성은 웬만해서는 상대방을 처다보지 않았다. 어사가 된 성이성의 광채를 보고 임금(인조)이 놀라 바닥에 털썩 주저앉았다는 이야기도 전해진다. 이 일을 계기로 눈에 빛이 나는 사람을 '성 어사'라고 부르는 유행어가 생기기도 했다고 한다.

400년 된 암행어사의 고풍스런 저택

계서당은 잘 지어진 사대부의 가옥으로 고택 탐방을 하기에 아주 좋다. 성이성 선생이 남원 생활을 마치고 고향으로 돌아온 후 613년 (19세)에 지은 조선 중기 전형적인 사대부 가옥이다. 정면 7칸, 측면 6칸의 'ㅁ'자형이다. 성이성의 방은 아버지 성안의 선생 방을 지나면 있는 아주 좁은 공간이었다. 이곳에 하루만 앉아 있으라고 해도 갑갑해서 못 견딜 만큼 좁은 방이다.

하지만 몇 차례나 과거에 급제한 사람을 낸 방이니 보통 방은 아니다. 이 고택의 특이한 점은 안채에 도장방(導掌房. 부녀자가 거처하는 방)을 많이 두었다는 점과 일반적으로 홑집인 사랑방을 겹집으로 했다는 점이다. 안채는 약간의 변형이 있지만 조선시대 경북 북부지방의 'ㅁ'자형 전통가옥의 옛 모습을 간직하고 있다는 점에서 주택발달사의 귀중한 자료가 되고 있다.

마당과 마루 사이의 흙벽에는 참으로 재미있는 그림이 있다. 요즘으로 말하면 '스마일' 이모티콘이 기와로 도안되어 있다. 두 가지 모양이 있는데 정말 기발하다. 종부 말씀으로는 옛날부터 있던 그대로의 벽이라고 했다. 그렇다면 이 스마일 이모티콘이 400년 전에 조선 사대부 집에서 출발한 셈이다.

(왼쪽)성이성이 지내던 서당, (오른쪽)서당을 향해 누운 소나무

　그 옆은 성이성의 방을 향해 완전히 누운 소나무 한 그루가 눈길을
끈다. 500살이나 된 나무로 성 어사가 어릴 때 올라타고 놀았던 나무
다. 그런데 근래 한 스님이 와서 이 소나무를 보고 놀라운 이야기를
하고 갔다. 이 소나무는 100년에 한 번 꽈배기처럼 몸을 뒤튼다는 것
이다. 그러고 보니 나무 줄기가 다섯 군데에서 뒤틀림이 있었다. 기이
한 나무다. 여섯 번째 뒤틀림은 후세들이 관찰해야 할 몫이다.
　이 집은 풍수가들이 말하는 전국 최고의 명당 43집 중 하나다. 집
뒷산은 암소가 누운 형상이고 이 집은 소의 유방에 들어앉은 터라고
한다.

영월 낙화암

동강을 따라 흐르는 슬픈 일화

춘향과 닮은꼴, 영월 관기 경춘을 아시나요

1771년 어느 이른 봄날, 열다섯 소녀 경춘(瓊春)은 여느 때처럼 강가에서 빨래를 하고 있었다. 유난히 빼어난 경춘의 미모는 뭇 남성들의 가슴을 늘 설레게 했다. 관기 경춘의 본명은 고노옥(高魯玉)이다. 영월의 선비 고순익(高舜益)이 자식이 없어 태백산 산신령에게 백일기도를 해 얻은 귀한 딸이다. 이곳에 유배온 단종(노산군, 魯山君)이 점지해준 소중한 자식이라 해서 이름을 노옥(魯玉)이라 지었다.

경춘은 어린 나이에 홀로 되어 갓 관기가 된 신분이었지만 늘 몸가짐이 정갈했다. 그해 정월 영월부사로 부임한 이만회를 따라 내려온 아들 시랑(侍郎) 이수학은 경치 좋은 금강정에 올라 주변을 둘러보다 건너편 경춘의 미모에 눈길을 빼앗겼다. 여느 남성들이 그랬듯이 이수학 역시 첫눈에 반했다. 수학은 나룻배의 노를 저어 경춘이 있는 곳으로 건너갔다. 마주한 두 남녀, 설레는 가슴으로 수학이 고백을 했고 경춘도 뿌리치지 않았다. 이후 둘의 사랑은 점점 무르익어갔다. 둘은 백년가약을 맺게 된다.

달콤했던 시간은 빠르게 흘러 영조 48년(1772년) 7월 29일, 문신들을 조정에 불러들이는 전교를 받고 이만회가 한양으로 올라가면서 수학도 경춘과 이별하게 된다. 수학은 떠나기 전 '입신(立身)해 훗날 꼭 다시 찾아오겠다'는 약속의 글을 써서 경춘에게 정표로 남겼다. 경춘은 언제나 글을 품에 안고 수학을 기다렸다.

그해 10월 21일 부사 신광수가 새로 부임했다. 신광수는 경춘의 미모에 반해 수청 들 것을 요구했지만 거절당했다. 경춘은 수학과 백년가약을 맺은 정표도 보여주며 부사의 청을 거듭 거절하다가 수차례에 걸쳐 추초(箠楚, 치는 형벌)를 받았다. 경춘은 더는 고통을 견딜 수 없어 하루는 성복(盛服)을 하고 부사를 찾아 태연한 척 웃으며 말하기를 "며칠간 부름을 멈춰주시면 병난 몸 잘 추스러 원하는 바를 다 들어드리겠습니다."라고 했고 윤허를 받았다.

경춘은 이튿날 아버지의 묘소를 찾아 인사를 올리고 금장강(동강) 변으로 향했다. 동생의 머리를 빗겨준 후 벼랑 위에 앉아 노래 몇 수를 부르니 눈물이 치마를 흠뻑 적시고 슬픔과 한을 억누를 수가 없었다. 마음을 정리한 경춘은 옆에 있던 동생을 달래 돌려보내고 강물로 뛰어내려 생을 마감했다. 임진년 10월, 그의 나이 열여섯이었다.

경춘을 건져 올렸을 땐 이미 늦은 때였다. 경춘의 옷 속에 무엇인가 꿰맨 자국이 있어 풀어보니 수학이 건넨 정표가 들어 있었다. 경춘에게 수청을 강요했던 부사 신광수는 이듬해인 1773년(영조 49년) 12월에 영월부 감사 과정에서 교체되었다.

250년 전 실화 기록된 '영월판 춘향전'

5살 때 어머니를 여의고 8살에 아버지마저 잃자 경춘은 의지할 곳이 없어 어린 동생과 함께 이웃의 추월이라는 기생의 수양딸이 되었다. 세월이 흘러 수양어머니도 연로해져 경춘은 노옥이라는 옛 이름을 버리고 경춘이라는 기명의 기생이 되었다. 관기가 된 경춘은 어렸지만 타고난 미모와 가무 솜씨가 남달랐다.

『춘향전』, 아니 '경춘전'이라고 해야 하나. 어쩌면 이몽룡과 성춘향의 이야기와 이렇게도 닮았을까. 비극적인 결말만 아니면 전개되는 이야기가 너무나 흡사하다. 경춘전은 그저 소설 속 이야기가 아니다. 약 250년 전 강원도 영월에서 있었던 실화다. 춘향전보다 더 춘향전 같은 이 비련의 이야기는 영월의 관기 경춘, 고노옥의 한 맺힌 사연이다. 그 생생한 이야기가 빛바랜 비석에 새겨져 긴 세월 애잔하게 전해오고 있다. 영월 금강공원에 있는 동강 낙화암을 찾은 날은 공교롭게도 보슬비가 내려 마음을 더욱 구슬프게 했다.

경춘이 절개를 지키기 위해 떨어진 자리에는 '월기경춘순절지처(越妓瓊春殉節之處)'라고 새겨진 비석이 남아 이곳이 경춘이 가파른 절벽

영월 낙화암

위에서 뛰어내린 장소임을 알리고 있다. 그 옆에 있는 작은 낙화암 비석이 벗이 되어주고 있다. 1795년(정조 19년) 8월 강원도순찰사 이손암이 월주(영월)의 절행부를 살피던 차에 이 이야기를 듣고 "천적(賤籍)의 몸으로 이런 일을 해내다니 열녀로다. 어찌 본으로 세우지 않을 수가 있겠는가."라며 자신의 봉급을 털어 영월군수에게 순절비를 세우도록 한 것이다. 경춘이 죽은 지 24년 만이었다. 평창군수 남희로가 비문을 짓고 영월부사 한정운이 글씨를 썼다고 기록하고 있다. 비석은 높이 109cm, 폭 47cm, 두께 14.5cm다.

동강의 애석한 죽음들

비련의 경춘이 절개를 지키기 위해 뛰어내린 낙화암에는 그보다 315년 먼저 꽃잎처럼 떨어진 사람들이 있었다. 단종의 궁녀와 관리인, 종인 등 국명을 어기고 단종의 유배길에 몰래 따라와 1457년 단종이 승하하자 이들을 비롯해 총 90명이 낙화암에서 목숨을 던졌다. 당시 동강에는 시신이 가득했고, 이날 천둥과 번개가 일고 강한 바람에 나무가 뽑혀나갔다는 기록도 함께 전해진다. 슬픔에 빠진 주민들은 이곳에 낙화암을 설치해 넋을 기렸고, 영조 18년(1742년) 영월부사 홍성보가 왕명을 받아 이들의 영혼을 위로하는 사당을 건립하고 민충사(愍忠祠)라는 사액을 내렸다. 이웃한 정자 금강정은 세종 10년(1428년)에 김부항이 지었으며 선비들이 풍류를 즐기던 장소다.

영월 읍내 번화가인 중앙로에서 영월향교 방면으로 접어들어 골목

길로 들어가면 금강공원이 있다. 동강의 절벽 위에 길게 펼쳐져 있는 금강공원 안에는 영화 〈라디오스타〉의 촬영지였던 방송국 건물도 있지만 아쉽게도 지금은 문을 닫은 상태다.

방송국 자리 아랫길로 접어들면 난고 김삿갓 시비(詩碑)와 남극 세종기지에서 순직한 이 고장 출신 전재규 대원의 추모비가 있다. 그리고 메타세쿼이아가 있는 예쁜 길을 지나면 금강정과 민충사가 나온다. 그곳에서 아래쪽으로 깎아지른 절벽이 낙화암이다. 낙화암 비석과 경춘순절비가 나란히 서서 그곳이 역사의 자리임을 알리고 있다.

영월 여행에서 뜻밖의 『춘향전』 원본을 발견한 느낌을 받았다. 함께 자리한 엄기평 영월군청 문화관광과 계장과 김원식 선생에게 어떻게 이런 애절한 실화가 이처럼 묻혀 있었냐고 물었다. 그러자 '영월' 하면 단종의 이미지가 너무 강해서라고 했다. 또한 춘향의 이야기는 전라북도 남원이 본고장이고, 낙화암이 부여인 것처럼 각인된 것도 그 이유라고 했다. 하지만 영월은 설화도 전설도 아닌 250년 전 실화

민충사

가 비석에 고스란히 기록되어 있고, 주민들이 함께 슬퍼해왔다는 점이 큰 의미를 지니고 있었다. 동강을 내려다보며 산책하기에도 딱 좋은 곳이다. 선비들이 풍류를 즐겼을 만큼 말이다.

　채 피지도 못하고 진 16살 경춘의 마지막 자리와 낙화암. 그리고 비석이 외롭게 서 있는 금강공원이 절개와 충절의 장소로 영월 주민의 사랑을 받고 있다.

공주 무령왕릉·송산리 고분군
죽어서 더 유명해진 왕

가장 잘생긴 '백제의 남자' 무령왕

약 1,500년 전의 무령왕은 최고의 '미스터 백제'였다. 훤칠한 키에 참
잘생긴 남자였다. 『삼국사기』에서는 백제 제25대 무령왕을 이렇게
묘사하고 있다. "키가 8척이나 되고 눈썹과 눈은 그림 같았다. 성품
은 인자하고 관대해 민심이 그를 따랐다(身長八尺 眉目如畵 仁慈寬厚 民
心歸附)."

이렇게 칭찬이 자자한 무령왕의 외모는 과연 어떤 모습일지, 그 모
습을 볼 수만 있다면 참 좋겠다. 그런데 실제로 무령왕의 모습을 볼
수 있다. 물론 동상으로 말이다. 무령왕 동상은 그저 짐작만으로 만들

어진 것은 아니다. 무령왕 동상의 탄생 과정이 아주 재미있다. 무령왕과 같은 공주 출신의 잘생긴 50~60대 남성 10명을 뽑아 얼굴 사진을 찍고, 그 10장을 합성한 모습을 반영해 무령왕의 얼굴로 묘사했다. 갸름한 얼굴에서 성군(聖君)의 이미지가 물씬 풍긴다. 이제 후손들은 무령왕의 얼굴을 그렇게 믿기로 했다. 배우 현빈보다 잘생긴 모습에 무령왕도 기뻐할 것이다.

무령왕 흉상

무령왕은 40세(501년)에 즉위해 23년간 재위했다. 『삼국사기』에서는 선왕인 동성왕의 둘째 아들로, 『일본서기』에서는 개로왕의 동생 곤지의 아들이자 동성왕의 이복형으로 전해지고 있다. 다소 혼란스럽지만 후자가 더 유력하다. 분명한 것은 웅진시대 백제의 다섯 왕 중 그와 아들 성왕이 백성들의 존경을 받은 군주였다는 점이다.

무령왕은 살아생전의 업적도 많지만 사후 기념비적인 유물이 그를 더 유명하게 만들었다. 그는 1,500년 가까이 충남 공주 송산리에 잠들어 있다. 실제 무덤인 송산리 고분군(宋山里古墳群)과 그 아래쪽에 모형전시관이 있다. 왕릉에는 들어갈 수 없지만 모형전시관에 왕릉 내부 모습과 부장품들을 완벽하게 재현해놓은 것을 살펴볼 수 있다. 그리고 이곳에서 나온 진품은 국립공주박물관에 보관하고 있다. 무령왕릉을 찾으면 자연스레 송산리 고분군을 동시에 보게 되고, 이웃의 공주박물관에 가서 진품까지 곁들여 보게 되니 좀 더 완벽한 여행이 된다.

죽어서 더 유명해진 왕

무엇이 무령왕을 이토록 유명하게 만들었을까? 우선 그의 무덤이 삼국시대 유일하게 이름을 알 수 있는 능이기 때문이다. 송산리 고분군에는 7기의 능이 있다. 능의 주인을 몰라 1호분, 2호분, 3호분, … 6호분으로 번호를 매겨놓았다. 7호분인 이 무령왕릉만이 주인이 명백하게 밝혀져 있다.

　발견도 참 우연히 이루어졌다. 일제강점기 때부터 숱하게 발굴과정을 거쳤지만 5·6호분과 붙어 있는 이 무령왕릉의 존재를 알지 못했다. 그저 제단쯤으로 여기고 넘겼다. 이 세 능은 봉분이 붙어 있을 정도로 가까운 곳에서 삼각형을 이루고 있다. 지금이야 잘 단장되어 구분이 뚜렷하지만 발굴 당시에는 숲이 우거지고 봉분이 무너져 있었으니 쉽게 판별할 수 없었을 것이다.

　1971년 7월 5일 6호분 배수작업 중 뒤쪽에서 벽돌이 드러났다. 그러자 황급히 발굴단을 꾸려 발굴에 들어갔다. 그동안 아무런 주목을 받지 못했던 것이 천만다행이었다. 도굴 피해가 전혀 없었기 때문에 1,500년 전 무령왕과 왕비의 부장품을 온전하게 세상 밖으로 꺼내 올 수 있었다. 부부합장묘였다.

　발굴은 하룻밤 만에 작업을 완료했다. 그러다 보니 문제도 많았다.

무령왕릉

비가 내리던 날 엄청난 유물을 절차도 없이 급하게 거두어들였다고 한다. 당시만 해도 발굴에 대한 체계화된 교육이 미흡했던 탓에 유물 분류와 정리, 그리고 충분한 촬영 없이 바구니에 급하게 주워담듯 마무리했다. 김원용 박사는 훗날 이를 두고 "내 인생 최악의 발굴"이라며 후회했다고 한다. 그래서였을까? 왕비의 어금니가 오랫동안 창고에 쌓여 있다가 훗날 창고 정리 때 발견된 우를 범하기도 했다.

여기서 가장 중요한 것은 이 무덤의 주인공이 무령왕 부부임을 알려주는 각자석판(刻字石板) 2장이다. 네모난 묘지석(墓誌石)에는 "영동대장군 백제 사마왕은 나이 62세인 계묘년(523년) 5월 7일에 붕어(崩御)하시고, 을사년(525년) 8월 12일 관례에 따라 대묘에 안장하고 이와 같이 기록한다(寧東大將軍 百濟斯麻王 年六十二歲 癸卯年五月 內戌朔 七日壬辰崩到乙巳年八月 癸酉朔十二日 甲申 安曆登冠大墓立志如左)."라고 새겨져 있었다.

'영동대장군'은 중국 양무제가 무령왕에게 내린 칭호인데 왜 묘지에 그대로 썼는지는 잘 모르겠다. 외교관계상 불가피한 사정이 있었을까? '사마왕'의 사마(斯麻)는 무령왕의 이름이다. 여기서 주목할 만한 것은 무령왕을 처음에는 가매장하고 3년째 되던 해에 날을 잡아 이 왕릉에 안치했다는 점이다.

또 왕비묘지(王妃墓誌)에는 "병오년(526년) 11월 백제국왕 태비가 천명대로 살다 돌아가셨다. 서쪽의 땅에서(빈전을 설치해) 삼년상을 지내고 기유년(529년) 2월 12일에 다시 대묘로 옮겨 장사 지내며 이와 같이 기록한다(丙午年十一月 百濟國王太妃 壽終居喪在酉地 己酉年二月癸 未朔十二日 甲午 改葬還大墓立志如左)."라고 되어 있어 백제의 삼년상을 확인시켜준다.

왕의 죽음에 '붕(崩)'자를 쓴 것도 눈길을 끈다. '붕(崩)'은 천자를 뜻하는 사람에게 사용하며 황제든 왕이든 '죽음'을 뜻하는 최상위의 표현이다. 제후의 왕에는 일반적으로 '훙(薨)'을 썼는데 양(梁)나라와의 관계를 놓고 볼 때 속국의 의미를 벗어나 독자적인 왕 또는 황제의 의미를 가진 것이 아닌가 하는 것으로 해석할 수 있겠다.

토지신에게도 허락받은 왕의 무덤자리

또 한 가지 흥미로운 것은 왕의 무덤을 쓰기 위해 토지신(地神)에게 무덤자리를 돈으로 샀다고 하는 증명서, 즉 매지권(買地券)이다.

"돈 1만 문, 이상 일 건 을사년(525년) 8월 12일 영동대장군 백제 사마왕은 상기의 금액으로 토왕, 토백, 토부모, 천상천하의 2천 석의 여러 관리에게 문의해 남서 방향의 토지를 매입해 능묘를 만들었기에 문서를 작성하여 증명을 삼으니, 율령에 구애받지 않는다(錢一万文右一件 乙巳年八月十二日 寧東大將軍 百濟斯麻王 以前件錢詢 土王土伯土父母上下衆官二千石 買申地爲墓 故立券爲明 不從律令)."라고 하는 오늘날의 법조문과 같은 표현이 재미있다.

왕릉의 온전한 보전을 위해 돈을 내고 토지신에게 허락받았으니 향후 문제 삼지 말라는 모양새다. 왕의 지석이 출토된 것은 삼국시대를 통틀어 처음이라고 한다.

무령왕릉의 내부는 벽돌로 쌓았다. 특이한 기법이다. 우리나라에서는 옆의 6호분과 함께 딱 2기만 벽돌무덤이다. 1~5호분은 굴식 돌방무덤이다. 벽돌무덤은 입구 통로인 연도(羨道)와 시신을 안치한 현실(玄室)의 두 공간으로 이루어져 있다.

벽돌을 쌓는 방식도 다양하다. 무령왕릉은 내벽을 4개 뉘어 쌓고 1개는 세워 쌓기를 반복한 사평일수(四平一垂) 방식이고, 6호분은 십평일수(十平一垂) 방식에서 시작해 위쪽으로 올라가면서 2평씩 줄여가며 8·6·4평 1수로 축조한 후 그다음부터는 가로쌓기로 천장을 마무리했다.

당시 교류가 활발했던 중국 양나라 지배층의 무덤 양식의 영향을 받았지만 중국의 삼평일수(三平一垂) 방식과는 차이가 있다. 입구와 천장은 아치형으로 고풍스럽고 아름답다. 벽면에는 등잔불 놓는 자리와 벽화도 있다.

재현해놓은 무령왕릉 내부 모습

유물 4,600여 점 출토된 '백제문화의 보고'

무령왕릉은 웅진시대 백제의 건축과 예술을 알 수 있는 귀중한 자료
이자 백제문화의 보고다. 또한 우리나라 발굴사상 최대의 학술적 의
미와 역사적 가치를 지닌다는 평가를 받는다. 이곳에서만 총 108종
4,600여 점의 부장품이 출토되었고 12종목에서 17건이 국보로 지정
되었다. 눈여겨볼 만한 유물로는 왕과 왕비의 목관이 있다. 일본에서
도 최고위층만 쓴다는 금송(金松)을 갖고 와서 만든 것인데 지금까지
도 거의 부식되지 않았다.

　묘지석 2매(국보 제163호), 무령왕 금제관식(국보 제154호), 무령왕비
금제관식(국보 제155호), 무령왕 금귀걸이(국보 제156호)와 무령왕비 금
귀걸이(국보 제157호), 무령왕비 금목걸이(국보 제158호) 등이 세밀하고

공주 무령왕릉·송산리 고분군

화려한 금빛을 발했다. 날개를 펴고 날아가는 듯한 모습의 무령왕 금제 뒤꽂이(국보 제159호), 무령왕비 은팔찌(국보 제160호)도 가히 예술품이라 할 수 있다. 이 팔찌는 안쪽에 제작 연유를 밝히는 글씨까지 새겨져 있다. 1,500년 전 말 그대로 찬란했던 백제문화의 정수를 엿본 듯하다.

영월 청령포·관풍헌
삼촌에게 내몰린 단종의 유배지

조선 최악의 골육상쟁, 계유정난

병약한 문종은 왕위에서 2년 3개월을 보내고 12살인 어린 아들 홍위의 앞날을 걱정하며 1452년 5월 14일 승하했다. 1452년 5월 18일, 홍위는 아버지의 뒤를 이어 왕위에 오른다. 조선 제6대 임금 단종이다. 문종은 승하 직전에 영의정 황보인, 우의정 남지, 좌의정 김종서에게 아들의 보위를 당부하는 고명(顧命)을 남겼다. 수양대군이나 안평대군 같은 동생들의 야욕이 예사롭지 않았기 때문이다.

그전에 할아버지 세종도 장손인 단종의 안위가 걱정되어 성삼문과 박팽년 등 집현전 학사들을 몰래 불러 장손의 앞날을 당부했었다. 아들 문종과 함께 늘 병마에 시달렸던 세종은 자신과 문종이 오래 살지 못할 것이라고 판단했고, 그 역시 둘째 아들 수양대군의 거침없는 성격을 걱정했었다.

단종 1년(1453년) 삼촌 수양대군은 형 문종의 고명대신(임금의 유언으로 나라의 뒷일을 부탁받은 대신) 김종서의 집을 습격해 그와 아들을 죽였다. 그러고는 조정 대신들을 단종의 명으로 궁궐로 소집해 일거에 제거했다. 이 사건이 바로 계유정난(癸酉靖難)이다. 동생 안평대군도 강화도로 유배 보낸 후 사사했다. 정인지·권람·한명회·양정 등이 주축이 되어 수양대군의 거사를 돕는 핵심 역할을 했다.

어린 단종은 궁궐 속 섬에 혼자 갇히고 말았다. 서슬 퍼런 삼촌 수양대군의 눈빛만 봐도 가슴이 조여오는 가시방석에 앉게 되었다. 결국 2년 후 1455년 6월 11일 수양대군은 조카 단종으로부터 왕위를 선양받는 모양새로 자리를 빼앗아갔다. 15살 단종이 삼촌 세조의 상왕이 되었는데, 말이 상왕이지 사실상 감옥생활이었다.

성삼문 등이 단종 복위를 꾀하다 발각되면서 1457년 단종은 상왕 신분에서 노산군(魯山君)으로 강봉되어 영월 청령포로 유배가게 된다. 성삼문 등 신하 6명은 화를 입어 죽음을 맞았고 '사육신(死六臣)'이라는 이름으로 역사의 뒤안길로 사라졌다. 세종이 생전에 걱정했던 둘째 아들 수양대군이 결국은 '일'을 낸 것이다.

6월 22일 창덕궁을 떠난 어린 단종은 남한강을 거슬러 7일 만에 영월 청령포에 도착했다. '궁궐 속 섬'에서 나와 '육지 속 섬'에 갇혔다. 17살 단종의 애사(哀史)가 스며 있는 청령포다. 태어난 지 3일 만에 어머니(현덕왕후 권씨)를 여의고 할아버지 세종의 후궁 혜빈 양씨의 젖을 먹고 자랐다. 12살에 아버지 문종까지 병사하자 졸지에 고아가 된 단종은 17살에 숙부에게 쫓겨나 유배를 떠났다.

강과 절벽으로 사방이 막힌 천연감옥

550년 전 역사 속으로 들어가는 데는 단 1분밖에 걸리지 않았다. 청령 포를 휘감아도는 서강, 통통배를 타고 2~3분이면 550여 년 전 단종 이 첫발을 내디뎠던 자갈 섞인 모래사장에 닿는다. 그리고 이곳을 지 나면 소나무숲이다. 삼면이 강으로 막혀 있고 나머지 한쪽은 육육봉 (六六峯)의 험한 절벽산이다.

천연감옥으로의 유배…. 지금은 공기 좋고 경치 좋아 사람들이 찾 는 곳이지만, 어린 나이에 왕위를 빼앗기고 이곳에 갇힌 단종은 어떤 심정이었을지 말 안 해도 알 만했다. 이날의 강물은 유난히 푸르렀다. 소나무숲으로 막 들어서면 어소(御所, 임금이 계시는 곳) 옆에서 시녀들 이 거처했던 초가가 나온다. 당시 단종을 모시던 시녀들의 생활상을 재현해놓아 눈길을 끈다.

초가 담 너머는 단종이 머물렀던 어소다. 넓은 뜰 가운데에는 이곳 이 어소 터임을 알리는 단묘유지비인 단묘재본부시유지비각(端廟在 本府時遺址碑刻)이 있다. 영조 39년(1763년) 왕의 친필로 세웠다. 이 비 각 주위에는 집터 크기로 빙 둘러 네모나게 돌을 박아놓았는데, 원래 어소가 있던 자리를 표시한 것이다. 지금 어소는 소실된 후 몇 미터 뒤쪽으로 살짝 옮겨 지었다. 복원된 어소는 유배된 왕의 거처를 상상

청령포를 휘감아도는 서강

(왼쪽)청령포, (오른쪽)관음송

해서 지은 집이다. 옛날 양반들의 집 규모에 불과하다. 어소에는 단종의 모습도 재현해놓았다.

늙어도 죽을 수 없는 청령포 관음송

어소 밖으로 나오면 소나무숲 가운데에 유난히 큰 소나무를 만날 수 있다. 높이 30m, 둘레 5m의 관음송(觀音松)이다. 천연기념물 제349호인 이 소나무는 단종의 유배생활을 지켜보았고 오열하는 소리를 들었다 해서 '관음송'이라 부른다.

단종은 관음송이 두 줄기로 갈라지는 부분에 걸터앉기도 했다고 한다. 관음송의 수령은 600년 정도로 추정하는데 단종이 이곳에 왔을 때 60살로 추산한다. 특이한 것은 주변의 모든 소나무는 일정한 나이가 되면 죽고 새 나무가 자라는데 유독 이 관음송만은 죽지 않고 '단종애사'를 전해주고 있다는 점이다. 마치 단종의 슬픔을 후세에 전해주기 위해 쉬이 죽을 수 없다는 기세다. 다른 소나무는 많아야 200~300살이고 이제 갓 자라는 소나무도 있다. 이 모두가 관음송의 자손인 셈이다.

이곳에서 높은 언덕을 오르면 왼쪽 산비탈에는 단종이 한양에 두고 온 왕비를 그리워하며 돌을 주워 쌓은 망향탑(望鄕塔)이 있고, 오른쪽으로 가면 서쪽 하늘을 바라보며 한양의 궁궐을 그리워하던 절벽 바위가 있다. 이 바위를 노산군의 이름을 따 '노산대(魯山臺)'라고 부른다.

발밑으로는 아찔한 절벽 아래로 푸른 서강이 흐른다. 이 강물은 흘러흘러 한양으로 가는데 이 흘러가는 물줄기에 단종이 눈물 젖은 마음의 편지를 담아 그리운 왕비에게 보냈을지도 모르겠다. 데크길을 따라 내려오면 또 하나의 비석이 나온다. 금표비(禁標碑)다.

금표비는 '청령포금표(淸泠浦禁標)'라고 쓴 비석으로 '어소가 있는 곳으로 누구든 접근을 금한다'는 뜻이다. 영월부사 윤양래가 영조의 윤허를 받아 세웠다. 비석 뒷면에는 접근을 막는 범위가 "동서로 300척·남북 490척이다(東西三百尺 南北四百九十尺)."라고 적혀 있다. 1척(尺)이 30cm이니 300척이라 해봐야 고작 90m인데 이 정도의 범위를 금한다니 조금은 아이러니하다. 그런데 여기서 끝이 아니다. 멋진 첨언이 있다. "이후 진흙이 쌓여 생기는 모든 땅에도 금한다(此後泥生亦在當禁)."라고 쓰여 있다. '이곳 모든 땅이 어소의 영역'이라는 뜻이다. 그래서 일반인이 이곳에서 농사를 짓거나 산림을 채취하는 행위를 할 수 없었다.

단종은 청령포에서 2개월 만에 떠나야 했다. 홍수로 주변 일대가 물에 잠기면서 영월 동헌의 객사인 관풍헌(觀風軒)으로 이어(移御)하게 된다. 관풍헌은 조선 초기 객사로 3채가 나란히 붙어 있는 건물이다. 앞쪽에는 매죽루(梅竹樓)라는 정자가 있는데 단종이 머물면서 자규루(子規樓)라 불렀다. 단종이 외로움을 달래기 위해 정자에 올라 두견새를 벗 삼아 시를 읊었기 때문에 붙여진 이름이다. 단종이 이곳에 지은 시가 〈자규시(子規詩)〉다.

망향탑

133

단종 앞에 차마 사약을 내놓지 못한 왕방연

단종이 관풍헌에서 두 달째 머무는 사이, 다섯째 숙부인 금성대군이 유배지 경상도 순흥(지금의 영주)에서 단종의 복위를 도모하다 사전에 발각되어 사사되었다. 그 바람에 단종도 노산군 신분에서 다시 서인으로 강등되었고 결국 최후의 순간이 오고 말았다.

1457년 10월 24일 유시(酉時, 오후 5~7시) 세조의 명을 받은 금부도사 왕방연이 관풍헌으로 갖고 온 사약과 공생(貢生, 향교의 심부름꾼) 복득의 교살에 의해 단종은 생을 마감한다. 사약을 갖고 온 왕방연은 차마 단종 앞으로 나아가지 못했다. 수행원이 독촉하자 하는 수 없이 단종 앞에 엎드리니 익선관과 곤룡포를 갖추고 나온 단종이 까닭을 묻는데 역시 말을 하지 못했다. 그러자 단종을 곁에서 모시던 공생이 '일'을 자처했다.

"명사 노산군 사(命賜 魯山君 死)." 단종은 승하했다(단종이 사약으로 죽었다는 설과 목 졸려 죽임을 당했다는 설이 있다). 왕방연은 돌아오는 길에 강가에 털썩 주저앉아 슬픈 심정을 토해냈다.

> 천만리 머나먼 길에 고운님 여의옵고
>
> (千里遠遠道 美人離別秋, 천리원원도 미인리별추)
>
> 내 마음 둘 데 없어 냇가에 앉았으니
>
> (此心無所着 下馬臨川流, 차심무소착 하마임천류)
>
> 저 물도 내 안 같아서 울어 밤길 예 놋다
>
> (川流亦如我 嗚咽去不休, 천류적여아 오인거불휴)

예천 삼강주막

주모 주안상에 세월도 쉬었다 가는 곳

글 모르는 주모의 기발한 외상장부

"주모, 여기 술 한 상이요."

주모는 손님이 많아서 신이 났고 손님은 외상 긋는 맛에 술이 더 당긴다. 손바닥만 한 초가주막에는 손님이 끊길 날이 없다. 여기저기서 술 달라는 외침에 주모의 손놀림이 빨라진다. 왁자지껄하던 주막이 어느새 조용해질 즈음, 그런데 이상하게도 술값 내는 사람이 없다.

"주모~." 하고 외치며 손가락을 입술에 대고 '획' 그으면 그게 바로 '외상'이라는 뜻이다. 술값은 툭하면 외상이다. 그런데 외상도 하루 이틀이어야지, 주모는 글을 몰라 외상장부에 기록할 수도 없다. 그렇다면 밀린 술값을 어떻게 받아냈을까?

"봄 돈 칠 푼은 하늘이 안다."라고 했듯이 옛날 시골에서 농사일하던 사람들은 가을을 제외하면 여유로운 날이 없었다. 그래도 술은 마셔야 했다. 일하다 허기지고 목 마를 땐 대포 한잔이 최고였다. 결국 외상 술을 마시곤 했다. 봄에 마신 술값은 가을에 추수를 해야 갚을 수 있었다.

글을 모르는 주모에게는 자신만의 외상장부가 필요했다. 외상한 사람을 기억하며 벽에다가 부지깽이로 금을 그어 표시해뒀다. 이것이 바로 '벽체 외상장부'다. 외상이 얼마나 많았던지 온 벽에 줄이 빼곡하다. 세로로 짧은 줄은 한 대포 외상이고 긴 줄은 한 되 외상이며 갚은 사람은 가로로 줄을 그어 '변제 완료'임을 표시했다.

경상북도 예천군 풍양면 삼강리에 있는 삼강주막은 1900년경에 생겼다. 마지막 남은 주막으로서 그 의의가 매우 크다. 삼강주막의 주모는 6·25 때 남편을 잃고 4남매를 키우기 위해 이 일을 시작해 2005년 9월까지 약 60년간 이 자리를 지켰다. 그리고 일을 그만둔 지 한 달 후 88세 일기로 세상을 떠났다. 불과 얼마 전만 해도 조선시대 주막 풍경이 이곳에서 펼쳐졌다고 하니 역사는 그리 오래전 일이 아니었다.

3개의 강이 만나는 마을

삼강주막이 있는 삼강리는 강원도 황지 태백산에서 발원한 낙동강이

600리를 흘러 이곳까지 왔고, 경상북도 봉화에서 흘러 영주를 거친 내성천이 또 이곳에서 합류한다. 내성천은 3km 상류에서 회룡포를 350° 회전하고 다시 반대로 180°를 돌아 여기에 도착한다. 그리고 문경 사불산에서 발원한 금천이 이곳에서 합류해 총 3개의 강이 만나는 마을, 즉 '삼강(三江)마을'이 되었다. 이 강은 다시 부산 다대포까지 700리를 흘러 낙동강 1,300리 물길을 이룬다.

'삼강'이란 이름은 400년 전 입향시조가 지었다. 이 마을의 입향시조는 임진왜란 때 옥에 갇힌 이순신 장군을 선조에게 건의해 살린 인물로, 약포 정탁 대감의 셋째 아들 청풍자공 정윤목 선생이다. 문인으로 이름을 날린 청풍자공 선생은 400년 전 광해군 때 입향해 이곳은 청주 정씨 집성촌이 되었다. 지금도 이 마을에는 청주 정씨들만 산다.

오늘날 삼강마을은 약 30호에 70명 정도가 산다. 1960년대에는 100호가 넘기도 했다. 작은 집성촌이지만 이곳에서 국회의원(정재원)과 방직산업의 일인자로 불린 재벌(정재호)도 배출했다.

삼강주막 구조의 비밀

삼강주막은 8평 규모로 아주 작지만 눈여겨볼 것이 참 많다. 손바닥만 한 초가지만 이것저것 알고 보면 고개가 절로 끄덕여진다.

그 옛날 서민들의 '가장 작은 집'의 대명사가 초가삼간(草家三間)이다. 아무리 작게 지어도 기본은 초가삼간이라는 말이다. 그런데 삼강주막은 그에도 못 미치는 초가두칸(草家二間)이다. 전면 두 칸, 측면

두 칸으로 두 칸 겹집이지만 방이 2개, 부엌과 마루, 다락까지 있을 건 다 있다. 아주 기막힌 구조다. 한옥에서는 기둥과 기둥 사이를 한 칸이라고 한다. 보통 기둥과 기둥 사이에 방이 하나 있으니 초가삼간이라고 하면 방 2개가 설계된다. 그런데 삼강주막은 초가 두 칸에 방을 2개나 냈다.

　또 다른 특징은 방 2개에 문이 무려 7개다. 문이 왜 이렇게 많을까? 작은 방이지만 항상 많은 손님들이 들락날락하는 곳이니 서로 엉키지 않고 출입할 수 있도록 곳곳에 문을 달았다. 조그마한 부엌에도 문이 4개나 된다. 손님은 많고 주모는 혼자서 일한다. 이 방 저 방에서 손님들이 "주모, 여기 술 한 병!" 하고 외치는데 어떻게 다 왔다갔다 할 수 있었을까? 삼강주막이 한창 번창할 때는 막걸리를 하루에 10∼15말을 팔았다고 하니 문이 하나였으면 주모는 아마 지쳐 쓰러졌을 것이다.

옛 정취를 느끼며 주막에서의 대포 한잔

삼강주막에서 빼먹지 말고 꼭 봐야 할 게 바로 황토벽에 금을 그은 벽체 외상장부다. 학술연구를 온 학자들도 무릎을 치며 감탄했다고 한다. 주모는 아무리 많은 손님이 외상하고 가도 부지깽이 자국이 누구의 외상인지, 혀를 내두를 정도로 정확히 기억해 표시했다. 부엌 안 벽에도, 바깥 벽에도 빼곡히 선을 그었다.

　관광객들이 손으로 문질러 많이 망가지기도 했다. 지금은 흔적이 뚜렷이 남아 있는 몇몇 부분에 아크릴판을 붙여 보존하고 있다. 우리

(왼쪽)벽체 외상장부, (오른쪽)삼강주막

나라에서 유일하게 남은 벽체 외상장부다. 서민들이 살아온 귀한 삶을 엿볼 수 있는 흔적이다.

한편 흔적조차 남지 않고 사라진 삼강나루는 주막이 생기기 전부터 유명한 나루터였다. 소금이 귀하던 시절이라 소금배가 부산에서 이곳까지 올라와 농산물을 교환했던 집하장이자 선적장이었다. 또한 영남 지방의 선비들이 한양으로 과거 보러 갈 때 넘어야 했던 조령(문경새재)으로 가는 길목이었기에 이 나루터는 중요한 역할을 했다.

1934년 이곳에 대홍수가 찾아왔다. 마을 절반 이상이 침수되었다. 지금은 둑길이 있지만 당시에는 마을이 바로 강과 이어졌다. 그때 보부상 숙소와 사공 숙소가 유실되었다가 2008년 고증을 통해 복원되었다. 오늘날 여행객들은 이렇게 복원된 집에 찾아와 멋진 대포 한잔의 추억을 마시고 간다.

삼강주막에는 관광객이 평일 300~400명, 주말 1,500명 정도 몰린다. 이곳에서는 옛 주막의 정취를 느낄 수 있는 막걸리와 파전, 도토리묵, 국밥, 국수 등을 판다.

회화나무와 들돌에 숨은 이야기

지금 이 마을 중앙에 59번 국도와 다리가 가로지르고 있다. 마을이 두 토막 났다. 주민들은 우회 건설을 주장하며 강하게 반대했지만 민(民)은 관(官)을 이기지 못했다. 이 마을이 멋진 관광명소가 되고 나서 이곳을 찾은 사람 모두가 흉물스런 다리를 보고 혀를 차지만 이미 돌이킬 수도 없는 상황이 되었다. 주민 의견과 탁상행정 간의 간극이 이런 결과를 가져왔다.

주막 뒤에는 500년 된 회화나무가 있다. 이 나무의 잎에 맺힌 아침 이슬을 받아 마시면 자손이 벼슬한다고 한다. 그래서 선비들은 회화나무를 아주 아꼈고 '학자수(學者樹)'라고도 불렀다. 이 나무에는 또 하나의 전설이 있다. 상주에 사는 목수가 이 나무로 배를 만들면 물에도 잘 뜨고 돈도 많이 번다는 말을 듣고 나무를 베러 왔다가 나뭇그늘에서 잠시 잠이 들었다. 그런데 꿈에 나무 수호신이 나타나 "이 나무를 베면 네 놈은 제 명에 못 죽는다." 하며 호통치자 목수는 잠에서 깨고 놀라 달아났다고 한다. 신성한 나무에는 늘 해코지하는 사람을 혼쭐내는 이야기들이 있다. 다리 너머에 한 그루가 더 있는데 크기는 작아도 나이는 더 많다고 한다.

주막 뒤 회화나무 아래에는 크고 둥근 '들돌' 하나가 있다. 농경사회에서는 어린 머슴이 장성하면 한 해 품삯을 올려 받으려고 한다. 컸으니 품삯을 더 많이 받겠다는 것이다. 주인 입장에서는 달갑지 않지만 무작정 못 올려준다고 할 수만은 없으니, 돈을 올려 받을 만큼 농사일에 힘을 쓸 수 있는지를 시험해보고 올려주겠다고 제안한다.

그 시험이 바로 들돌을 들어보게 하는 것이다. 머슴에게 이 들돌을 들면 품삯을 올려주고 못 들면 안 올려준다고 이야기한다. 그런데 들돌은 죽었다 깨어나도 들 수 없는 것이다. 무게가 무거울 뿐 아니라 달걀처럼 둥글게 생겨 미끄럽기 때문이다. 돌을 들어보겠다고 괜히 힘쓰다가는 허리만 다치게 된다. 욕심 많은 주인의 횡포였다.

고창 청보리밭

예천 회룡포

해남 땅끝마을

순천 순천만

단양 도담삼봉

담양 죽녹원

합천 황매산

단양 사인암

3장

자연을 벗 삼아 거닐다

고창 청보리밭
어느 봄날 '초록 추억'에 물들고 싶다

초원 지평선 너머 '초록의 지상낙원'

푸른 초원과 하늘이 배경으로 활짝 펼쳐진, 컴퓨터 바탕화면에서 볼 수 있는 그런 초원을 거닐고 싶다. 눈이 시릴 정도로 파릇한 초원의 지평선 너머에서는 봄바람을 타고 보리 내음이 날아온다. 낮은 쪽에서 구릉지 쪽을 바라보면 이 세상은 파란 하늘과 청보리 초원, 딱 두 가지밖에 없다. 땅과 하늘의 경계는 아주 완만한 S라인 구릉지가 살며시 구분 짓는다. 하늘과 땅의 경계선, 오로지 푸르름만 있는 고창 청보리밭의 유혹은 상큼했다. 이미 그 푸르름을 본 이상 유혹을 떨쳐 버릴 수 없었다. 도시민의 답답한 가슴을 활짝 열어주는 고창 청보리

선운사

밭으로의 여행을 떠나본다.

　고창은 선운사와 복분자로 유명한 전라북도 서해안에 위치한 고장이다. 광활한 보리밭이 평평한 논에 펼쳐져 있었다면 밋밋했을 테지만, 아름다운 멜로디처럼 오르막과 내리막의 선율이 적절히 어우러져 전국 대표 청보리밭으로 자리매김했다. 이곳은 보리나라 학원농장이 운영하고 있다. 고(故) 진의종 국무총리의 장남 진영호 대표가 일궈오면서 전 국민이 참여하는 축제의 장으로 만들었다.

　3월 말의 보리는 아직 한 뼘 정도의 키만 자랐다. 작은 보리싹이지만 이래 봬도 2살이다. 작년 늦가을에 태어나서 겨울을 눈 속에서 숨죽인 채 보낸 뒤 봄기운을 머금고 파릇파릇 자라고 있다. 그리고 불과 3주 후면 다 자라 이삭이 팬다. 보리가 가장 아름답게 보일 때가 바로 4월 말~5월 초인데 이때를 기다리는 관광객이 적어도 50만 명이나 된다. 바로 청보리밭축제가 열리기 때문이다.

한 폭의 그림 같은 푸른 초원

1m가량으로 다 자란 보리가 바람에 일렁거리는 물결도 좋지만, 지금의 모습도 더할 나위 없이 훌륭하다. 완만한 경사지에 펼쳐진 푸른 초원과 하늘과의 조화가 마치 한 폭의 그림 같다. 우리나라에서 흔히 볼 수 없는 풍경으로 구릉지 아래에서 위쪽을 바라보면 마치 컴퓨터 바탕화면의 초원 같다. 초대형 컴퓨터 화면을 보는 느낌이랄까? 요즘 흔히 하는 말로 '안구정화' 그 자체다.

다 큰 보리밭 사잇길을 걷는 것 못지않게 어린 보리밭에 들어가 거니는 것은 또 다른 매력이 있다. 내가 가는 곳이 길이 된다. 초원을 마음껏 거닐 수 있어 좋은 게 바로 이 무렵이다. 보리싹은 밟아줄수록 좋기 때문이다.

청보리밭 한 켠에는 소나무 한 그루가 있다. 사진작가들의 사랑을 받아온 소나무다. 소나무 한 그루를 놓고 이 방향 저 방향에서 사진을 찍어본다. 잘 찍은 사진 한 장만 남아도 먼 길 여행의 본전을 뽑을 수 있다. 소나무 유채밭과 이어진 구릉지 위로 보이는 둥근 원통형의 건물은 물탱크를 정비해 전망대로 만든 것인데 이 또한 청보리밭과 잘 어울렸다. 사진 촬영에 부제로 끌어들여 찍어도 좋을 만하다.

청보리밭의 소나무

공기 좋은 시골에서 보리의 풀 내음을 맡으며 밭을 걷노라니 기분이 아주 상쾌해졌다. 구릉지 너머 중턱에는 원두막도 하나 있었다. 아주 멋진 풍경이다. 위치를 잘 잡으면 멋진 사진도 찍을 수 있다. 나도 그림 같은 초원 위의 원두막 사진을 계속 찍어본다. 찍는 자세를 이래저래 잡다 보니 보리밭에 아예 배를 깔고 엎드려야 했다. 보리 싹 냄새를 진하게 맡았다. 어릴 때 맡았던 냄새 그대로였다. 보리는 그동안 변함없었다.

함께 거닐면 모두가 '초원의 가족'

구릉지를 넘어 작은 연못가로 향했다. 밭과 밭 사이 길이 난 곳에 연못이 있는데 버드나무가 눈을 뜰 채비를 하고 있었다. 그 옆은 일직선으로 넓게 길이 나 있는데 젊은 남녀가 왔다 갔다 한다. 뭘 하나 싶었는데 알고 보니 전망대 근처에 있는 사진작가들이 이들을 모델로 촬영을 하고 있었다.

학원농장의 아름다운 경치는 영화나 드라마에 자주 등장할 정도로 유명하다. 이 풍경을 담은 작품으로는 〈웰컴투 동막골〉〈각시탈〉〈만남의 광장〉〈식객〉〈늑대소년〉〈잘 살아보세〉 등이 있다. 이 외에도 수많은 사진작가들이 몰리는 건 말할 것도 없다.

양쪽 보리밭 사이로 시원하게 난 흙빛 길을 따라 또 다른 언덕을 넘어섰다. 청보리밭축제가 열리는 보리밭의 주 무대는 중심지에 있는 학원관광농원의 밭 15만 평이고 주변에 여러 이웃들이 비슷한 규모의

밭에 청보리를 심어 총 30여만 평이 펼쳐져 있다. 주변을 산책하고 다시 돌아오는 길에 도깨비숲을 만났다. 오래된 대나무숲인데 옆에는 절 터와 빈 집이 함께 있어 스산한 느낌이 감돌았다.

이 마을에 전해 내려오는 도깨비숲 이야기도 있다. 어느 날 갑자기 도깨비들이 이 동산에 나타나 동물과 주민들을 공포에 몰아넣곤 했다. 그렇게 여러 해 지난 후 이 농장에 정착한 이학 여사(진영호 대표의 어머니)와 마을 주민들이 이곳에 종학사라는 절을 짓고, 도깨비를 동산 아래의 대나무숲으로 몰아넣은 뒤 나오지 못하게 사천왕상을 세웠다고 한다. 그 뒤로 도깨비들이 마을로 나오지 않았다고 한다. 지금도 사천왕상이 숲 옆에 남아 있다. 지금이야 도깨비 이야기는 믿을 수 없겠지만, 어린 시절만 해도 시골에서 도깨비는 언제나 들어왔던 이야깃거리였다. 이 대나무숲 오솔길을 따라 걸어보자. 혹시 도깨비가 있을지도 모를 일이다.

농장 관리 건물로 다시 돌아오니 점심시간이 다 되었다. 조금 전만 해도 한산했던 농원에는 관광객이 제법 많이 찾아왔다. 가족끼리 초원에 앉아 즐거운 시간을 보내는 사람들, 연인끼리 다정하게 거니는 사람들, 이들은 모두 '초원의 가족'이 되었다.

봄에는 청보리밭, 가을에는 메밀꽃

나는 이 농장의 주인을 만나고 싶었다. 때마침 학원농원 직영매장에서 수수한 차림의 진영호 대표를 만날 수 있었다. 진 대표를 만나기가

고창 청보리밭

청보리밭 초원

'하늘의 별 따기'라고 하니 정말 운이 좋았다. 더군다나 청보리밭축제가 코앞에 다가와 있는 시점이라 많이 바쁠 때였다.

부드러운 인상과 말씨로 맞아주신 진 대표는 이 농장이 탄생하고 지금까지 이어져 내려온 이야기들을 들려주었다. 이 농장은 부모님으로부터 물려받은 것으로, 서울대 농대를 졸업하던 1971년부터 1년여간 직접 뽕나무와 농작물을 경작했지만 성공하지 못했다고 했다. 하지만 이것이 실패와는 개념이 다르다고 했다. 당시 농업의 장벽을 절감하고 다시 서울로 올라가 기업체에서 근무하다 1992년 퇴사한 후 다시 시작해 이 농장을 20년 넘게 이어오고 있다.

1994년 관광농원으로 지정받고 2004년부터 봄에는 청보리밭축제, 가을에는 메밀꽃축제를 연다. 이때부터 '경관농업특구'로 지정받아 우리나라 대표 경관농원으로 발돋움했다. 1년에 두 차례 축제를 여는데 약 80만 명이 찾는다고 한다. 가을의 메밀꽃축제는 전국 최대 규모를 자랑한다. 고창군에서도 적극적으로 나서는 효자 축제가 되었다.

따뜻한 봄날, 청보리밭 초원에서 시간을 잊고 거닐어보자. 우리의 몸도 파릇한 봄내음에 힐링될 것이다.

예천 회룡포

자연이 빚은 육지 속의 섬

마의태자가 통곡하며 걷던 길

천년사직 신라가 저물어가고 고려 왕건에게 나라가 넘어가자 경순왕의 아들 마의태자는 금강산으로 향했다. 보장받은 왕의 자리를 눈앞에 두고 태자의 신분으로 화려한 무대 위에서 영원히 떠나야만 했다. 한 많은 마의태자가 '시물'을 건너면서 결국 참았던 울음을 터뜨렸다. 마의태자는 "천년사직이 문을 닫는데 누군가는 울어야 하지 않겠는가."라고 말하고는 울었다. 그는 시물을 건너면서 감정이 복받쳐 올랐던 모양이다.

'시물'이 무엇일까? 강이 이리저리 굽이쳐 흘러 이쪽 마을에서 건넛마을로 가려면 같은 강을 세 번이나 건너야 하는데, 이 '세 번의 물(세물)'이 경상도 방언으로 하면 '시물'이다.

경상북도 예천군 지보면 마산리에서 강 건넛마을 용궁면 무이리로 가는 3km 안팎의 거리. 삼국시대 국도였던 이 길을 따라가면 내성천을 세 번이나 건너게 된다. 망국의 강물을 세 번이나 건너려니 울음이 나올 법도 했겠다.

국민 관광지로 유명한 회룡포(回龍浦)가 바로 그곳이다. 회룡포는 강물이 350° 회전한다. 남은 10°, 딱 한 삽만 뜨면 섬이 되어버릴 정도의 잘록한 산줄기가 이곳이 섬이 되는 것을 막았다.

경주에서 출발한 마의태자는 울면서 이 강 길을 건너 문경읍 관음리로 향했고, 우리나라 최초의 고갯길인 하늘재를 넘어 충주 미륵리로 갔다.

그가 떠난 자리, 나는 회룡포를 한눈에 내려다볼 수 있는 전망대에 올랐다. 바로 비룡산(飛龍山) 회룡대 정자다. 가슴이 확 트인다. 우울하거나 마음이 갑갑한 사람이라면 이 '자연의 묘약'이 속을 시원스레 뚫어줄 것이다. 자연이 최고의 약인 셈이다.

슬픈 역사의 전설이 서려 있는 회룡포, 경치만큼은 어디에 내놓아도 빠지지 않는 장관이다. 전망대에서 내려다보면 어여쁜 애인이 품 안에 꼭 안기듯이 한눈에 쏙 들어오는 산과 강과 모래사장, 농경지, 그리고 마을이 마치 그림 같다. 오죽하면 LA 교민들이 단체여행을 와서 회룡포를 '한국판 그랜드캐니언'이라고 했을까. 이국적이고 장엄한 그랜드캐니언과 어찌 같을까마는, 이 동양적 전원풍의 회룡포가 그만큼 인상 깊은 풍경을 주는 것만은 사실이다.

강물이 일러주는 무언의 가르침

태백산 아래 경상북도 봉화군에서 발원한 물이 120km를 내리 달려 내성천이라는 이름으로 회룡포를 휘감아 돈다. 조선 후기 『택리지』를 저술한 이중환은 "내성천의 모래가 희다."라고 표현하며 관심을 보였다. 내성천은 많은 모래톱 덕에 자정능력이 뛰어나 물이 깨끗하다.

 회룡포에 도달한 내성천은 정확히 350° 회전한 후 다시 반대로 180°를 돌아 하류 쪽 삼강주막으로 향한다. 직선으로 흐르면 급해질 것 같아서인가. 물을 천천히 흐르게 하기 위한 자연의 배려이자 무언(無言)

의 가르침으로 느껴진다. 그래서 내성천은 급할 것 없이 유유히 흘러, 보는 이로 하여금 평화로움과 여유로움을 선사한다. 이 수려한 '곡선미'가 다시금 '천천히'를 생각하게 한다. 바쁘게 보면 '그저 흐르는 강물'이고 여유롭게 보면 '자연이 빚은 예술'이다.

'회룡포 전도사'인 이곳 출신의 박용성 선생은 회룡포를 "지형으로 보면 옛날 어르신들은 '산도 태극이요, 물도 태극이니, 산태극수태극(山太極水太極) 천하명당 회룡포'라고 했다."라고 설명한다. 하지만 350°나 돈 물길은 지맥을 약하게 했고, 이로 인해 큰 인물이 나오지 못했다고 한다. 인근 안동 하회마을 물길은 180° 회전해 서애 류성룡 같은 인물을 배출했으므로 이곳과 비교된다는 이야기다. 실제 이 마을 출신들은 외지에 나가 큰 벼슬을 한 사람은 없고 대신 상업에 종사해 부자가 된 사람은 많다고 한다. 이러한 것들이 과연 지형의 영향일까? 일단 흥미로운 것은 사실이다.

용이 비상하는 마을

회룡포라는 지명의 유래를 보자. 청룡과 황룡이 여기서 만나 하늘로 올라갔는데 그때 빙글빙글 돌아 올라가던 모습을 빗대어서 '회룡'이라고 했다. 원래 이름은 의성포였지만 인근에 의성군이라는 지명이 있어 이름을 바꿨다고 한다. 용의 마을인 셈이다. 이 주변만 해도 '용(龍)' 자가 들어가는 지명이 10개나 된다. 용궁·회룡포·비룡산·용포·용포마을·용두소·용두지·와룡산·용암리·용두정이 그렇다. 회룡포에 사람이 살기 시작한 것은 약 120년 전부터다. 고종 때 의성에 살던 경주 김씨 1명이 들어와 개간하면서 집성촌이 되었다. 신라가 멸망하면서 같은 김씨인 마의태자가 경주에서 올라와 울며 지나간 곳에 천 년이 지나 경주 김씨 가문이 들어온 것은 우연일까?

전망대에서 바라보면 회룡포 마을 건너편에 하트 모양의 산이 있다. 이 산, 알고 보면 참 재미있다. 풍수로 보면 좌청룡(左靑龍)에 해당하는 삼각형 산줄기는 총각산을, 우백호(右白虎)에 해당하는 여궁곡(女宮谷) 형상의 산줄기는 처녀산을 상징한다. 실제로도 남성과 여성을 상징하는 산이 있고 그 가운데에 하트산이 연결하고 있다.

전설에 따르면 젊은 연인들이 비룡산의 정기를 받아 인연을 맺으면 검은 머리가 파뿌리 될 때까지 백년해로하고 훌륭한 자녀를 낳는다고 한다. 그러니 하트산에 적어도 눈도장 찍는 것만큼은 잊지 말아야겠다.

사랑 이야기가 나왔으니 한 가지 더 살펴보자. 바로 사랑의 자물쇠다. 자물쇠는 '채우고 간직하다'라는 의미가 있듯이 사랑하는 연인들이 서로의 사랑을 약속하며 이곳 회룡대에 사랑의 자물쇠를 채운다. 그러고 나서 자물쇠 열쇠를 고이 간직하면 그들의 사랑이 영원토록 유지되고 결혼 후에도 행복한 가정을 꾸릴 수 있다고 한다. 자물쇠를 걸어두는 것은 두 사람의 사랑이 영원히 변치 말자는 약속의 증표다. 꼭꼭 잠가두고 그 누구도 열지 못하게 한다는 의미가 담겨 있다. 그러니 회룡포에 오면 사랑하는 사람과의 사랑의 증표를 꼭 챙겨보자.

비룡산에는 통일신라 3대 장안사 중 한 곳이 있다. 북쪽의 금강산 장안사, 남쪽의 부산 장안사와 함께 중간 지점인 이곳에 비룡산 장안

예천 회룡포

사가 있다. 이 사찰은 용의 허리로 상징되는데, 회룡대에 오르면 곧 용의 허리춤에 올라탄 셈이다. 규모는 작지만 나름대로 의미가 있는 사찰이다.

평온한 마을, 이곳이 무릉도원

전망대 산에서 내려와 약 3km쯤 떨어진 회룡포마을 입구로 향했다. 하천 입구 주차장에서 내려 재미있는 '뿅뿅다리'를 건너야 한다. 공사 장에서 쓰는 철판에 동그란 구멍이 일정하게 뚫린 강판으로 만든 외 나무다리다. 엄밀히 말하면 '외철판다리'다. 강물이 불어 구멍에 물이 차면 '퐁퐁'거렸다 해서 주민들이 '퐁퐁다리'라 불렀는데, 한 언론사 에서 '뿅뿅다리'로 잘못 표기하는 바람에 지금은 '뿅뿅다리'로 불리고 있다.

마을에 들어서면 고즈넉한 농촌 풍경이 그대로 펼쳐진다. 농부는 밭을 갈고 한쪽에서는 파종을 하고 있다. 적막감 속에서 다소 떠들썩 함도 공존한다. 주말을 맞아 단체로 숙박하는 사람들과 오토캠핑장을 찾은 사람들이 즐거운 한때를 보내고 있었다. 이 마을을 찾아온 사람 들은 모두가 정이 넘치는 듯했다. 강바람을 쐬며 걸을 수 있는 올레길 2km(40~50분 소요)는 '아름다운 올레길'로 선정되기도 했다. 마치 무 릉도원에 들어온 풍경 같다.

회룡포 총면적은 49ha(14만 8,225평)로 농경지가 22ha(6만 6,550평)이 고 2020년 현재 8가구가 살고 있다. 원래 마을은 뒤쪽 구릉지 쪽에 있었다. 1970년대 새마을운동 전에는 내성천의 하상(河床)이 지금보다 무려 5m나 높아 수해가 심했다고 한다. 하천이 지금처럼 정비되고 범람하지 않게 되면서 주민들은 생활하기에 편리한 지금의 위치로 가옥을 옮겼다.

뿅뿅다리

예천 회룡포

해남 땅끝마을
땅끝에서 희망의 시작을 외치다

새 희망의 시작, '한국의 희망봉'

서해와 남해가 만나는 곳, 해남 앞바다의 물살은 거세고 바람도 매섭다. 예로부터 뱃사람들은 이곳에서 제(祭)를 지내며 무사안녕을 기원하고서야 지나갈 수 있었다. 험난한 자연은 이 고장 사람들을 강하게 만들었고 이 모든 것을 품고 살도록 포용력을 가르쳐주었다.

서해와 남해가 만나는 꼭짓점에 한반도 최남단 뭍의 끝을 형성한 것은 대서양과 인도양을 한 점에 모은 남아프리카공화국 케이프타운의 '희망봉'을 연상하게 한다. 지리상의 위치도 닮았지만 이 꼭짓점이 새로운 희망의 출발점이라는 것이 더욱 그러하다.

땅끝마을 관광지는 겉으로만 보면 다도해의 아름다움을 제외하고는 여느 해안가 마을과 특별히 달라 보일 것이 없다. 그저 '전망대와 바다가 있는 땅끝 동네구나.' 하는 느낌 정도라고나 할까. 그러나 그건 아는 만큼 보이기 때문에 그렇게 보인 것뿐이었다. 백두대간을 따라 내려온 기(氣)가 이 땅끝에 뭉쳐 있고, 이 기가 제주도로 건너가기 전에 모인 곳이므로 이곳에서는 신성한 기를 받아 새로운 희망을 얻어갈 수 있다. 이러한 내용을 알고서 땅끝마을을 다시 바라보면, 가히 이곳을 '한국의 희망봉'이라 부를 수 있을 것이다.

땅끝마을 관광은 코스를 잘 잡아야 즐겁게 여행할 수 있다. 의외로 적잖은 사람들이 관람길을 역방향으로 택해 급경사를 오르며 고생하기도 한다. 가장 효율적인 관광은 우선 모노레일을 타고 전망대에 올라 다도해와 주변 경치를 만끽하는 것이다. 모노레일을 타고 경사로를 오르면서 내려다보이는 땅끝마을 전경이 그림처럼 아름답다. 달마산 줄기가 땅끝까지 이어진 전망대가 있는 이 봉우리는 해발 156.2m의 갈두산(葛頭山)이다. 여기에 약 40m 높이의 전망대에 오르면 해발 200m 정도의 높이에서 주변을 내려다보는 셈이다.

주변의 다도해는 물론 동쪽의 완도, 서쪽의 진도도 가깝게 다가온다. 남쪽으로는 추자도와 맑은 날에는 100km 떨어진 한라산 정상 부분도 보인다고 하는데, 내가 방문한 날엔 공교롭게도 비가 내려 그 경치는 다음 기회로 미루어야 했다. 이 전망대는 '동방의 등불'이라는 콘셉트로 횃불모양을 하고 있는데, 2002년 1월 1일에 새로 문을 열었다. 전망대 앞에는 돌로 쌓은 봉수대가 있고 이는 조선 후기 군사 기지 역할을 한 요지였다.

한반도 지형과 비슷한 모습을 한 땅끝마을

진짜 땅끝은 꼭꼭 숨어 있다

땅끝마을 관광에서 중요한 것이 있다. 바로 '땅끝탑'에 들러야 진정으로 땅끝에 와봤다고 할 수 있다. 꽤 많은 사람들이 몰라서 못 가고, 알아도 안 가는 경우가 있다는 말에 놀랐다. 이곳은 전망대일 뿐이고 진짜 땅끝은 전망대 남쪽 경사로를 따라 바닷가로 내려가야 있다. 내려가는 데크길도 재미있게 꾸며놓았다. 함경북도에서 시작해 해남 땅끝까지 가는 코스를 만들어 '한반도 삼천리 금수강산'을 내 발로 걸어 내려가는 듯한 기분을 만끽하게 했다. 육당 최남선이 『조선상식문답』에서 해남 땅끝에서 서울까지가 1천 리, 서울에서 함경북도 온성까지 2천 리를 더해 우리나라를 '삼천리 금수강산'이라고 했다. 그만큼 이 땅끝의 의미는 실로 크다.

바닷가에 이르면 뾰족한 삼각탑인 땅끝탑과 그 맞은편 바다 쪽으로 설치된 뱃머리가 이곳이 땅끝임을 알려주고 있다. 그러나 '이곳이 정말 땅끝일까'라고 의심해본 사람은 없을 듯하다. 여기서 한 가지 중요한 사실은 진짜 땅끝은 뱃머리에서 왼쪽으로 10m 정도 떨어진 곳에 튀어나온 작은 바위가 실제 그 주인공이라는 것이다. 아무도 알아봐주지 않는 그 이름 없는 바위가 이 땅의 진정한 끄트머리이자 시발점이다.

북위 34도 17분 21초. 그 바위는 급경사와 바다가 연결된 위험한 곳이라서 같은 위도상에 이 뱃머리를 바위 옆에 설치해 최남단이라는 의미를 부여했다. 그 바위로 내려가는 것은 절대 금물이다. 그러니 기념사진은 뱃머리에 서서 바위가 함께 나오게 찍는 것이 최선이다.

땅끝탑에서의 길은 두 갈래로 나뉜다. 서쪽으로 가면 송호해변과

해맞이로 유명한 맴섬

땅끝오토캠핑장이 나오고 동쪽으로 가면 모노레일을 타는 곳이 나온다. 왔던 데크를 따라 동쪽 길로 오르면 오른쪽 데크길이 나오는데, 그 길로 가면 모노레일 방면이다. 쉬엄쉬엄 걸어도 10분 만에 도착한다. 도중에 맨발로 걸을 수 있는 지압길도 있다. 모노레일 앞으로 나오면 오래된 고목들이 줄지어 있다. 오래된 수령의 팽나무가 분재 같은 운치를 풍긴다.

숲을 지나 오솔길을 따라 2~3분만 걸어가면 해맞이로 유명한 맴섬이 나온다. 2개 섬 사이의 좁은 틈에서 떠오르는 해가 장관이다. 1년에 딱 두 번, 2월 중순 사나흘과 10월 중순 사나흘 정도만 그 사이로 태양이 들어온다. 멋진 사진 찍기란 하늘의 별 따기다. 우선 일출 예상 날짜에 날씨가 따라줘야 하고, 또 전날부터 진을 치고 밤을 새워야 그나마 사진을 찍을 기회가 주어진다. 일출 사진을 찍기 위해 찾아온 사진작가들로 북적이기에 생각보다 쉽지 않은 일이다. 땅끝마을은 한자리에서 해돋이와 해넘이를 동시에 감상할 수 있는 매력적인 곳이기도 하다.

울돌목 물살도 울고 간다는 바다

땅끝에는 갈산당이라는 당(堂)집이 있다. 남해와 서해의 물이 만나 물살이 거칠기 때문에 양 바다를 오가는 뱃사람들은 갈산당에서 무사안녕을 기원하며 제를 지냈다. 이곳 물살이 너무 세서 "울돌목 물살도 울고 간다."라는 말이 있을 정도다. 또 '죽음의 고비'를 뜻하는 사재끝이, 이 땅끝에 있어 제를 지내야 안심하고 지날 수 있었다. 밖에서 보기에는 잔잔해 보이지만 실제로 배를 타보면 물살이 무척 빠르다는 것을 실감할 수 있다. 그러니 이 땅끝 험한 바다를 무사히 헤쳐 건너면 새로운 희망을 가질 수 있었기에 '한국의 희망봉'이라 부를 수 있는 것이다. 그리고 이 땅끝은 '끝'이 아닌 새로운 시작이 되는 희망의 '시작점'이기도 하다.

케이프타운 희망봉은 포르투갈 선장 바르톨로뮤 디아스(Bartolomeu Dias)가 인도를 향해 항로 개척에 나선 1488년에 우연히 발견했는데, 폭풍에 떠밀려 닿았다 해서 '폭풍의 곶'이라 이름 지었다. 하지만 후에 포르투갈 왕 주앙 2세는 인도로 갈 수 있다는 희망을 얻은 모양이었다. 왕은 '희망의 곶'으로 명칭을 바꾸었다. 그 의미를 되새겨보면 '고난 뒤에 찾아오는 희망'이 해남 땅끝마을과 일맥상통한다.

남해 쪽 사람들은 서해 앞바다로, 서해 쪽 사람들은 남해 앞바다로 고기잡이를 하기 위해 험한 파도를 헤치고 무사히 지나왔을 때야 만선의 희망을 가질 수 있었다. 또한 뭍에서는 땅끝에서 바다를 바라보고 다시 땅을 향해 새로운 희망을 품고 나아갔을 것이다.

마음을 치유해주는 희망의 마을

전망대 아래의 서쪽 작은 만(灣)을 '댈기미'라 부른다. 서해와 남해의 물이 만나는 곳이다. 바다 바깥쪽은 만호바다로, 해남의 명물인 김이 이곳에서 생산된다. 전망대 아래의 동쪽 모래사장을 '목넘개'라고 부른다.

댈기미와 목넘개 쪽에서 전망대를 향해 소원을 빈 후 바다에 조약돌을 던져보자. 다만 아무도 모르게 해야 한다. 그래야 소원이 이루어진다고 한다. 또 이곳의 작은 돌을 소중히 간직하다가 사랑하는 사람에게 주면 사랑이 반드시 이루어진다는 이야기도 전해진다.

땅끝마을 근처에는 유명한 해변 3곳이 있다. 송호해변, 사구미해변, 송평해변이다. 특히 송호해변의 솔숲은 아름답기로 유명한데, 그 옆에 위치한 오토캠핑장의 인기가 높다.

땅끝마을은 이제 '치유의 마을'로 한 단계 도약하고 있다. 암울한 상황에 놓인 사람이 극단적인 생각을 품고 이 땅끝에 오더라도 새로운 희망을 안고 되돌아가는 곳이기도 하다. 봄의 길목인 우수(雨水)를 하루 앞둔 날, 이곳에 내린 보슬비는 우리에게 새로운 희망의 씨앗을 싹 틔워줄 비가 되었다.

순천 순천만

하늘이 내린 정원이자 새들의 낙원

순천만의 '현대판 흥부전'

1991년 어느 겨울날, 순천만에서는 '현대판 흥부전' 이야기가 펼쳐진
다. 보존보다는 개발의 유혹이 달콤했던 가난했던 그 시절, 한 소년이
순천만 논에서 다리를 다친 흑두루미 한 마리를 발견했다. 초등학생
이던 소년은 힘에 부칠 만큼 큰 새를 끌어안고 집으로 와서 온갖 치료
를 해주었지만 쉽게 낫지 않았다. 소년은 자신의 모교인 순천남초등
학교로 흑두루미를 데려가 선생님과 함께 돌보았다.

  동물병원이 흔치 않았던 당시, 흑두루미의 다친 다리는 쉽게 낫지
않았다. 소년은 흑두루미에게 '두리'라는 이름을 지어주었고, 시간이

흘러 학교를 졸업해 떠나게 되었다. 소년의 선생님도 전근을 가면서 두리는 외톨이 신세가 되었다. 눈 깜짝할 사이 10년이라는 세월이 훌쩍 지나 2001년, 두리에게 또 다른 행운의 손님이 찾아온다.

선거유세로 수많은 사람들이 학교 마당에 몰려든 가운데 한 동물병원 원장이 불구의 몸인 두리를 발견하고 순천지역 환경보호단체와 '두리 귀환 프로젝트'를 진행했다. 1년 동안 착실히 치유하고 '몸 만들기' 노력을 기울인 결과 10년 만에 두리를 고향 시베리아로 돌려보낼 수 있었다.

2000년대에 들어와서 그동안 농지로 개간되었던 순천만 일대는 습지복원사업으로 서서히 원래 모습을 되찾아가고 있었다. 그러는 사이 다시 놀라운 일이 벌어졌다. 10년간 순천에서 풍토병까지 얻어 고생했을 겨울새 흑두루미 두리가 일가족과 친구들을 대거 데리고 돌아온 것이다. 2003년 이전까지는 구경조차 힘들었던 흑두루미가 100여 마리 찾아오기 시작해, 2012년에는 무려 660여 마리가 날아오는 진풍경을 연출했다. 순천만은 갑자기 흑두루미 천국이 되었다.

진객도 찾아오는 새들의 유토피아

흑두루미가 '진객(珍客)'인 이유는 무엇일까? 흔히 볼 수 없는 새이기도 하지만 4천만 년 전부터 공룡과 같은 시기에 살았던 새이기 때문이다. 두루미는 우리에게 품격·장수·행복을 상징하는 새다. 조선시대에는 관복에 수놓일 만큼 고귀한 새로, 암수 부부 중 한쪽이 먼저 죽으면 남겨진 새는 재혼하지 않고 혼자 산다고 해서 부부애를 상징하기도 한다. 새해 연하장에도 두루미는 빠지지 않는다. 그러니 소원을 담은 새이기도 하다. 그 귀중함을 인정받아 흑두루미는 천연기념물 제228호로 지정되었다.

흑두루미

'자연'은 우리를 배신하지 않았다. 자연은 탐욕스러운 인간을 용서했고, 반성하는 사람들에게는 '선물'까지 안겨준다는 교훈을 또 한 번 새기게 했다. 바로 두리를 통해서 말이다. 세계 5대 연안습지의 한 곳이라는 것이 순천만 습지의 위상을 잘 말해준다. 그래서 순천만을 '하늘이 내린 정원'이라고 부른다.

마지막 빙하기가 끝난 8천만 년 전부터 순천의 동천을 따라 유입된 토사가 차곡차곡 퇴적되어 생긴 갯벌은 밀물 때는 육지의 5km가 바다가 되고 썰물 때는 바다의 5km가 육지로 변한다. 이 10km 구간의 갯벌은 수많은 생명체들의 낙원으로 그 면적이 22km²(665만 5천 평)에 이른다.

짱뚱어·갯장어·농게·방게·칠게는 갯벌 속에서 먹이를 찾고, 흑두루미·재두루미·저어새들은 짱뚱어와 농게를 먹이 삼아 '갯벌의 왕'이 되고자 한다. 이 먹이사슬은 또 이어진다. 탐조 관광객인 우리 인간들은 이 갯벌의 왕인 흑두루미와 고니, 저어새를 보기 위해 갯벌 깊숙이 파고들어간다. 새에 쫓긴 어패류는 갯벌 속에 꼭꼭 숨고, 사람을 보고 놀란 새는 울창한 갈대밭에 몸을 의탁한다.

'새들의 유토피아' 순천만 일대에는 마을 이름만 봐도 이곳이 얼마나 다양한 새의 고장인지 금방 알 수 있다. 학산리·선학리·송학리·학동·황새골·봉전·상봉 등 주변 마을이 황새·두루미·봉황을 뜻하는 새 이름으로 지어졌다. 순천만은 천연기념물로 지정된 새가 11종이나 날아드는 곳으로 전 세계 습지 중 희귀조류가 가장 많은 곳이기도 하다.

다양한 빛깔을 뽐내는 갈대 군락지

순천만은 어패류와 조류의 천국만이 아니다. '갯벌 위의 무지개'가 또 있다. 세상의 짠물은 혼자 다 먹고 사는 칠면초는 어느 순간 이 갯벌에 붉은 빛을 수놓는다. 1년에 일곱 번 색깔을 바꾸는 염생식물(염분이 많은 토양에서 자라는 식물)인 '칠면초'는 '칠면조처럼 색이 변한다' 해서 붙여진 이름으로 가을철 홍자색일 때가 가장 아름답다. 칠면초는 1년 동안 짠물 속에서 변화무쌍하게 살다가 장렬히 생을 마감한다.

사계절 색다른 경치를 연출하는 주인공은 뭐니뭐니 해도 순천만 갈대숲이다. 계절마다 4색 빛깔로 유혹하는 순천만의 갈대숲은 이미 전 국민의 사랑을 받고 있다. 수려한 'S'자 천(川)을 사이에 두었기에 더욱 아름다운 갈대군락은 하루에도 세 번씩 옷을 갈아입는다. 아침 햇살에는 은빛갈대, 한낮의 햇빛 아래에서는 잿빛으로 변한다 해서 재갈대, 그리고 저녁에는 석양에 물든 황금갈대다.

갈대와 억새는 비슷한 듯하면서도 차이점이 있다. 갈대는 꽃대가 사자의 갈기처럼 생겼고 갈색으로 뭉쳐져 있다. 2~3m나 되는 큰 키에 줄기에는 마디가 있다. 습지나 하천 등 물가에서 서식한다. 반면 억새는 꽃대가 가늘고 흰 꽃이 핀다. 키는 1~2m로 작고 줄기가 가늘며 주로 산에서 자란다.

광활한 갈대숲 사이의 데크길을 따라 걷고 난 뒤 반드시 전망대가 있는 용산(龍山)에 올라야 순천만을 다 봤다고 할 수 있다. 용산전망대에 오르는 순간 탄성이 절로 나온다. 해질 무렵의 석양은 가히 환상적이다. 아름다운 석양을 기대하며 전망대를 오르면 약 40분 걸리는 길도 지루하지 않을 듯하다. 소나무 사이로 부는 솔바람에 땀이 식을 틈도 없이 무더운 8월의 용산전망대행은 쉽지 않았다. 마침 여행 온 두 대학생과 서로 길동무가 되어 걸었기에 끝까지 오를 수 있었다. 데크길에서는 갈대숲에 갇힌 모습이지만 전망대에 오르니 용도 감탄하리 만큼 아름다운 풍경이 두 눈에 들어온다. 썰물의 갯벌 사이로 흐르는 물길에는 탐조선이 오가고 녹음이 우거진 갈대숲은 여기저기 원을 그리듯 물 위에 녹색 섬을 만들어놓았다.

이무기가 용이 되길 포기한 이유

갈대숲 옆에 길게 누운 해발 95m의 용산전망대는 순천만 자연생태공원에서 무진교를 건너 갈대숲 데크길을 따라 걷다 보면 진입로가 이어진다. 용산은 용이 누워 산이 되었다고 해서 붙여진 이름이다.

옛날에 순천만에 '습지의 왕' 이무기가 살았는데, 천 년에 한 번 용이 될 수 있는 날이 찾아왔다. 용이 되는 게 평생 소원이었던 어미 이무기는 사랑하는 새끼 이무기와 이별하고 마침내 하늘 높이 비상했다. 그리고 곧 용으로 변한 자신의 모습에 흐뭇해하며 순천만을 내려다본 순간, 천 년 동안 모르고 살았던 순천만의 아름다움에 깜짝 놀랐다. 유유히 흘러가는 갯벌 사이의 개천과 바람에 일렁거리며 형형색색 변하는 갈대숲, 황금빛 황홀한 석양에 그만 넋을 잃고 말았다. 이토록 아름다운 곳을 모른 채 살아온 지난 천 년을 후회하며 이곳에 남아 살기 위해 다시 내려앉았는데, 그대로 몸이 굳어 '용산'이 되었다는 전설을 품고 있다. 다시 어미를 따라온 새끼들은 새끼섬이 되었다. 그런데 새들이 똥을 많이 싸서 지금은 '똥섬'으로 불린다. 어미와 새끼 사이를 칠면초 군락이 이어주고 있다고 하니, 이곳의 모든 생명체는 이웃과 더불어 살아가는 지혜를 가르치고 있는 것 같다.

순천만

그러나 이는 순천만의 여러 아름다움 중 극히 일부에 지나지 않는
다. 8월의 순천만은 녹색 옷을 입지만 가을의 황금빛 갈대와 겨울의
눈 덮인 갈대 풍경도 그리울 만큼 아름답다. 여름철새 50종, 겨울철
새 125종을 불러오고 공해물질을 정화해주는 이 '하늘이 내린 정원'
옆에는 환경파괴를 반성하며 만든 '인간이 조성한 정원'도 있다. 바로
순천국제정원박람회장이다. 자연과 인간이 공존하는 순천만은 그래
서 더욱 아름답다.

단양 도담삼봉

신이 빚어낸 한 폭의 동양화

천의 얼굴을 가진 도담삼봉

아이를 못 낳는 조강지처는 남편에게 버림받았고 젊고 예쁜 첩은 사랑을 독차지했다. 처는 삐쳐서 등 돌려 앉고 첩은 임신한 배로 남편을 향해 애교스러운 눈빛을 던진다.

　도담삼봉(島潭三峰)은 단양팔경 중에서도 가장 동양적인 정취를 풍기는 곳이다. 비가 오나 눈이 오나 어느 때에 봐도 한 폭의 수묵화다. 여기에 이따금씩 나룻배까지 등장하면 환상적인 그림이 된다. 옛 선비와 묵객들이 찾아와 풍류를 즐긴 단골 장소였던 이곳에 오늘날에는 사진작가들이 찾아와 인내하며 최고의 순간을 기다린다. 예나 지금이

나 사람을 불러 모으는 명소다.

　천의 얼굴을 가진 도담삼봉은 한 번 봐서는 그 묘미를 만끽할 수 없다. 비 오는 풍경이 다르고 눈 덮인 풍경 역시 다르다. 물안개에 휘감긴 모습도 봐야 하고 일출과 일몰도 봐야 한다. 하지만 10번은 찾아와도 그 많은 광경을 다 보기는 어려울 것이다. 그래서 보여줄 듯 말 듯 한 이 도담삼봉은 일종의 '밀당'을 하는 연인처럼 매력적이다.

　도담삼봉은 단양읍내에서 남한강 상류 쪽으로 차로 5분 거리다. 강 가운데에 3개의 기암으로 우뚝 솟아 있다. 바위가 마치 고깔(원추형)처럼 생겨 재미있다. 3개의 바위 중 가장 큰 바위가 남편봉이다. 그런데 이 남편은 바람기가 좀 있다. 양 옆에 두 여인 바위를 거느렸다. 상류 쪽 작은 기암이 처봉(妻峰), 하류 쪽이 첩봉(妾峰)이다. 질투심에 가득 찬 처봉은 외로운 모습이다. 하지만 첩봉은 사랑받는 모습이 역력하다.

　도담삼봉에 가면 이 모습을 꼭 확인해보자. 조선시대에는 첩문화가 흔했을 터이니 풍류를 즐기던 선현들은 이렇게 의미를 새기며 이곳에서 술잔을 기울였을 것이다. 3개의 바위가 시인에게는 시상(詩想)을 안겨주었고 묵객에게는 그림이 되어주었다. 마찬가지로 오늘날의 사진작가들에게는 멋진 피사체가 되어준다.

　바위 3개만 있으면 무언가 부족했겠지만 이곳에는 마침 남편봉에 운격 있는 정자까지 있어 극한의 풍치를 자아낸다. 바로 삼도정(三島亭)이다. 물안개에 휘감길 때는 형언하기 힘든 장관을 연출한다. 이 정자에 걸터앉아 술잔을 기울이며 풍류를 즐기는 상상을 하니 이보다 더 낭만적인 운치가 어디 있을까 싶다.

(위)처봉, (아래)첩봉

삼도정

도담산봉

시상을 안겨주는 한 폭의 수묵화

도담삼봉을 더 심오하게 느껴보는 방법 중 하나는 선현들이 남긴 한시를 읽어보는 것이다. 수려한 경치를 몸소 느끼고 그 흔적을 살펴보고서, 이에 그치지 않고 한시 몇 수라도 읊조려보면 더 멋진 여행이 될 수 있다. 조선시대 단양군수, 충청도 관찰사, 암행어사, 그리고 유람 온 선비 등 총 180명이 노래한 한시 1천여 수가 수록된 책도 있다. 하지만 그것을 다 읽기는 무리가 있으니, 퇴계 이황 등 유명한 선현들이 남긴 한시 몇 수만 봐도 당시 선비들의 풍류를 간접적으로나마 경험할 수 있을 것이다.

산은 단풍잎 붉고 물은 옥같이 맑은데

(山明楓葉水明沙, 산명풍엽수명사)

석양의 도담삼봉엔 저녁놀 드리웠네

(三島斜陽帶晚霞, 삼도사양대만하)

신선의 뗏목을 취벽에 기대고 잘 적에

(爲泊仙槎橫翠壁, 위박선사횡취벽)

별빛 달빛 아래 금빛파도 너울지더라

(待看星月湧金波, 대간성월용금파)

　　위의 한시는 퇴계 이황이 1548년 단양군수로 부임했을 때 지은 시다. 이 외에도 도담삼봉을 노래한 시는 무수히 많다. 영의정을 거쳐 영중추부사가 된 이종성(1692~1759년)은 조물주의 신기한 솜씨로 빚은 도담삼봉이 진시황이 그린 영주산과 봉래산보다 낫다고 노래했다.

　　도담삼봉은 선비들의 시심(詩心)을 자극하는 원천이었다. 또한 조선의 화백인 단원 김홍도와 최북, 이방운이 도담삼봉을 화폭에 옮겼고, 추사 김정희도 암행어사 시절에 이곳을 놓치지 않았다. 이 묵객들은 같은 삼봉을 보고도 저마다 상상의 나래를 달리한 작품을 남겼다. 조선 최고의 묵객들이 펼친 화폭을 견주어보는 것도 또 다른 재미다. 오늘날 디지털 기기의 굴레 속에서 벗어나 자연을 벗 삼아 명상의 시간을 가져보자. 나는 오늘도 선현들이 바라보았던 바로 그 풍광을 나만의 시각으로, 느린 시간을 즐겨본다.

　　　　　　　　　　　　　　　　　　　　　　　　단양 도담삼봉

정도전이 애정한 '삼봉'

'도담삼봉' 하면 조선의 개국공신 정도전을 빼놓을 수 없다. 정도전은 어린 시절을 단양에서 보냈다. 그의 유년시절은 불우했지만 그러한 환경이 그의 뛰어남을 가리진 못했다. 정선 사람들은 아름다운 도담삼봉이 얼마나 탐이 났던지 남한강 상류인 강원도 정선의 삼봉산이 홍수로 떠내려와 이곳에 멈춰 도담삼봉이 되었다며, 단양 사람들에게 이 삼봉을 즐기는 대가로 세금을 내라고 요구했다. 단양 사람들은 거절했고 양쪽이 화해의 실마리를 풀지 못하자 소년 정도전이 기지를 발휘했다.

정도전은 "우리가 삼봉을 떠내려오라 한 것도 아니요, 오히려 물길을 막아 피해를 보고 있는데 아무 소용없는 봉우리에 세금을 낼 이유가 없으니 도로 가져가시오."라며 반격했다. 정선 사람들은 더 이상 아무 말도 못 했고 다툼은 말끔히 해결되었다. 도담삼봉에 각별한 애정을 갖게 된 정도전은 훗날 자신의 호를 '삼봉'이라고 지었다. 오늘날 도담삼봉의 주차장 광장 옆에는 정도전의 동상이 세워져 있다.

이런 천혜의 경치를 품은 도담삼봉도 아픔이 있었다. 충주호가 생기고 태풍이 몰아쳤는데 수도권 시민을 보호하기 위해 충주호 수문을 마음껏 열지 못했다. 그 결과 이곳 정자까지 침수된 일이 있었다. 지금도 맑은 날이면 도담삼봉의 절반이 물에 잠겼던 흔적을 볼 수 있다. 또한 과거 태풍으로 정자가 두 차례나 무너지기도 했는데, 이곳에 자리한 기업인 성신양회의 회장이 정자를 튼튼하게 지어 군에 기증했다고 한다.

도담삼봉은 쫓기듯 급하게 들렀다가 기념사진 몇 장만 찍고 가는 사람에게는 모든 것을 내보여주지 않는다. 진정 삼봉을 사랑하고 인내하며 관찰하는 사람에게만 수줍은 속살, 그리고 황홀한 자태를 선사한다.

백 척의 돌무지개, 석문

　상류 쪽 가파른 산기슭에는 단양팔경의 또 다른 명소인 석문(石門)이 있는데 이곳 역시 함께 둘러봐야 할 곳이다. 지형이 무지개처럼 둥글게 떠 있고 그 아래에는 커다란 구멍이 난 것처럼 뚫려 있어 석문이라 부른다. 구름다리처럼 생긴 석문 위로 올라가는 사람들이 간혹 있는데 이는 위험하므로 오르지 않는 것이 좋다. 이곳은 카르스트지형(석회암 대지에 발달한 침식 지형)이어서 언제 균열이 생겨 무너질지 모르기 때문이다.

　도담삼봉에서 상류 쪽 산의 가파른 계단을 올라 오솔길을 잠시 걸어가면 있다. 5분 정도의 거리임에도 많은 사람들이 그것도 귀찮게 여겨 도담삼봉만 보고 가지만 그냥 돌아가지 말고 꼭 다녀가기를 권한다. 이 석문을 산 쪽에서 바라보면 굴속으로 보이는 남한강과 그 너머 도담리 마을의 전경이 마치 카메라 렌즈 속으로 들어온 듯 아름답다.

　이 석문의 경치도 무척 아름다워 옛 선비들이 유명한 시를 많이 남겼다. 추사 김정희는 『완당집(阮堂集)』에 〈석문(石門)〉이라는 제목의 멋진 한시를 읊었다.

백 척의 돌무지개가 물굽이를 열었으니

(百尺石蜺開曲灣, 백척석예개곡만)

신이 빚은 천불에 오르는 길 아득하네

(神工千佛杳難攀, 신공천불묘난반)

거마가 오가는 발자취를 허락하지 않으니

(不敎車馬通來跡, 불교거마통래적)

다만 안개와 노을만이 오갈 뿐이네

(只有煙霞自往還, 지유연하자왕환)

　　전라도 관찰사를 지낸 이해조(1660~1711년)는 석문이 있는 산을 중국의 별천지 '구지산(仇池山)'에 비유하고 돌부채가 하늘에 매달려 있다고 노래했다.

담양 죽녹원

세상의 때를 씻겨주는 푸른 대숲

죽림칠현이 대나무밭에 모인 이유

서기 265년에 사마염이 위나라를 물리치고 진나라를 세우면서 전횡을 일삼았다. 그러자 세상을 등지고 숲으로 들어가 무위자연 사상에 심취한 지식인들이 있었다. 죄 없는 사람을 죽이는 세상의 관리가 되고 싶지 않았던 일부 선비들은 관직을 버리고 보신보명(保身保命)의 은신처를 찾았다. 그렇게 모인 선비 7명은 '죽림칠현(竹林七賢)'이라 불렸다. 이들은 고위 관직에 오르기도 했는데 지배자의 유가적 정치 체제를 비판하며 자유분방 노장(老莊)사상에 심취했다. 완적·혜강·산도·향수·유영·완함·왕융이 그들이다. 이들은 술잔을 기울이며 소국

과민(小國寡民, 이상사회)을 그리며 세월을 즐겼다.

이들이 모인 곳은 산양(山陽, 오늘날 하남성 소재)의 대나무숲이었다. 그런데 왜 죽림에 모였을까? 이들은 소위 청담(淸談)을 논하는 데는 죽림이 가장 적절한 곳이라고 생각했다. 죽림은 '대쪽 같은 선비'를 상징하기에 그 안에 들어가 모인 것만으로도 세상에 시위하는 행동이 되었다. 중국의 죽림칠현을 모방해 고려 때 '죽림고회(竹林高會)'라는 모임이 생기기도 했다. 정중부의 무신정권기에 이인로·임춘·오세재·조통·황보항·함순·이담지 7명의 문인이 어울려 무신정권에 대한 불만을 '은신'으로 표출한 것이다.

중국의 소동파(蘇東坡, 1037~1101년)는 "고기 없는 식사는 할 수 있지만 대나무 없는 생활은 할 수 없고, 고기를 안 먹으면 몸이 수척해지지만 대나무가 없으면 사람이 저속해진다."라고 해 인품이 있는 사람은 대나무를 가까이해야 할 것을 강조했다.

대나무는 매화·난초·국화와 함께 '사군자(四君子)'로 불렸다. 특히 사시사철 푸르고 곧게 자라는 성질로 인해 '지조'와 '절개'의 상징이 되었으며 '대쪽 같은 사람'이라는 말은 불의나 부정과는 일체 타협하지 않고 '지조를 굳게 지키는 사람'을 의미했다. 대나무의 속이 빈 것은 마음을 비우고 천지의 도를 행할 군자가 본받을 품성이라 해 '선비'를 상징하는 나무이기도 했다.

나무도 아닌 것이 풀도 아닌 것이
곱기는 뉘 시키며 속은 어찌 비었는가
저렇게 사시에 푸르니 그를 좋아하노라

윤선도(1587~1671년)는 〈오우가(五友歌)〉에서 속이 빈 대나무의 '불욕(不欲)'을 노래했다.

거닐기만 해도 깨끗해지는 곳

이제 대나무숲에 7명만 모여야 할 이유가 없어졌다. 이곳에서 은둔하며 세상을 조소했던 선비들의 죽림이 오늘날에는 모든 사람들의 힐링 명소가 되었기 때문이다. '죽림의 고장'인 전라남도 담양의 중심에 죽녹원(竹綠園)이 있다. 담양읍내 영산강 상류 변에 대나무 동산을 이룬 죽녹원은 그 면적이 31만m²(약 9만 4천 평)에 이른다. 동산에 8개 테마의 길을 만들어 총 2.4km를 걸으며 죽림욕을 즐길 수 있다. 2003년에 대나무 군락지를 정비해 개장했다.

옛날 칠현들이 '죽림'에 모여 때묻은 세상을 씻어냈다면, 지금은 오염된 심신을 씻어내는 '죽녹원'으로 거듭났다. 대나무숲은 피톤치드와 음이온이 무수히 발산되는 청정 숲이다. 이 숲을 거닐기만 해도 몸이 먼저 좋은 기운을 느낀다. 특히 물을 좋아하는 대나무숲에 비라도 간간이 내리는 날이면 그 효과는 상

죽순

상을 초월한다. 말 그대로 '건강 창고'다. 이슬비 내리는 날에 좋아하는 사람과 울창한 대나무숲을 걸어보자.

대나무는 기후가 따뜻하고 비가 자주 오는 지역에서 잘 자란다. 오죽하면 '우후죽순(雨後竹筍)'이라고 했을까. 담양은 비가 많기로 유명해 담양의 '담' 자도 '못 담(潭)' 자를 쓴다. 비가 많으니 물이 괴는 곳이 많다. 또 분지에 자리 잡은 이곳에 햇볕(陽)이 내리쬐니 따뜻한 고장이다. 문득 '담양(潭陽)'이라는 지명이 참으로 신기하다는 생각이 든다.

대나무는 죽순이 나온 후 30일 전후면 일생 동안 클 키가 다 자란다. 더 이상 굵어지지도 않는다. 5월을 전후해 여기저기서 쑥쑥 죽순이 돋아나는데, 비 온 후라면 그 자리에서 직접 볼 수 있을 만큼 빠르게 생장한다. 대나무에 따라 하루 1m나 자라는 것도 있다. 1시간 동안 20~30cm가 불쑥 자라기도 한다.

원자폭탄에도 살아남은 생명력의 비결

대나무는 땅속에 있는 줄기를 흔히 뿌리로 알고 있는데 이는 잘못된 생각이다. 털처럼 가늘고 수북하게 생긴 것이 뿌리다. 지표면 가까운 곳에 있다. 그 밑으로 뻗은 땅속 줄기는 지하경(地下莖)이라고도 하는데, 이곳에 영양분을 저장해 겨울을 나고 이듬해 5월 전후에 죽순을 돋게 해 대나무를 번식한다. 그러니 지하경이야말로 대나무에 가장 중요한 심장인 셈이다. 2차세계대전 당시 히로시마가 원자폭탄에 쑥

울창한 죽림

대밭이 된 상황에서도 유일하게 생존한 것이 대나무였을 정도로 생명력이 강하다. 땅속에 지하경이 있었기 때문에 가능했다.

한여름에 터널을 이룬 죽림 속으로 들어가면 바깥 기온보다 4℃ 이상 낮다고 하니 피서지로도 손색이 없다.

이제 그 죽녹원 속으로 들어가보자. 입구 쪽 매표소를 지나면 처음 만나는 대나무가 검은 대나무, 즉 '오죽(烏竹)'이다. 오죽은 작은 군락을 이루고 있다. 강릉의 오죽보다 좀 더 굵고 크다. 오죽은 죽순도 검을까? 아니다. 죽순은 파랗게 나온다. 그리고 어른 나무가 된 가을에 검게 변한다고 한다.

전망대를 지나 운수대통길 초입에는 희귀한 대나무 분재를 만날 수 있다. 대쪽 같은 대나무가 휘어진 분재가 되다니, 자존심 잔뜩 구긴 대나무를 보고 웃어야 할지는 판단 유보다.

오솔길로 접어들면 찾기가 쉽지는 않지만 삼각형의 대나무와 사각형의 대나무가 있다. 삼각 또는 사각형의 통을 죽순에 끼워 만든 모양새다. 대나무숲에는 차나무가 군락을 이룬 곳도 있다. 이 차나무는 햇빛을 보지 못하고 대나무 이슬을 먹고 자란다고 해 '죽로차(竹露茶)'라 한다. 죽로차는 광합성을 못 했기 때문에 떫지 않고 맛이 부드러워 사람들에게 인기다. 대나무숲에 뿌려놓은 왕겨는 냉해를 막고, 썩은 다음에는 퇴비 역할을 한다. 대나무도 관리를 잘 받으면 60년 이상 길게는 100년까지 산다고 하는데, 꽃이 피는 날이면 모두 고사한다.

대나무꽃은 재앙, 꽃 피면 전멸하고 전쟁난다

대나무꽃은 좀처럼 볼 수 없는데, 피었다 하면 대나무밭에서 일제히 핀 후 모두 고사해버린다. 대나무꽃은 번식과는 무관한 돌연변이인데, 꽃이 필 때 지하경의 영양분을 모두 소모해버리기 때문에 꽃이 핀 후에는 장렬히 죽음을 맞는다. 대밭이 망하면 전쟁이 일어날 징조라고 여겨 불길하게 생각하는 속신도 있다.

대나무밭이 망하는 요건은 또 있다. 할아버지대가 손자대를 보면 그 대밭은 망한다는 말이 있다. 그래서 어린 대는 살리고 나이 든 대는 벌채하는 것이 죽림경영의 기본이라고 한다.

죽녹원을 거닐다 어느 구릉지에 오르면 바깥세상이 시야에 들어오는데, 멀리 보이는 산이 예사롭지 않다. 담양과 순창의 경계인 추월산(731m)이다. 하늘에 지평선을 그린 추월산의 생김새가 마치 누워 있는 스님의 얼굴 모습 같다.

　죽녹원 한 켠에는 한옥에서 숙박이 가능한 죽향문화체험마을이 있어 오래 머물며 숲을 즐길 수 있다. 이곳에 명옥헌을 비롯해 소쇄원 등 담양의 대표적인 정자들을 재현해놓았다. 이곳 재현 명옥헌 앞의 네모난 연못은 TV 프로그램 〈1박 2일〉 촬영 때 탤런트 이승기가 빠졌다 해서 '이승기 연못'이라고 부른다.

　체험마을에는 우송당(又松堂)을 본채로 구성해 부속 건물들이 함께 있다. 우송당은 담양 출신의 명창 박동실(1897~1968년)이 청년시절에 판소리를 수학한 곳이다. 이곳에서 국악을 만끽하며 죽로차를 시음하다 보면 잠시나마 칠현의 분위기도 음미할 수 있을 것이다.

합천 황매산
가던 봄도 붙잡는 철쭉동산

모산재의 '순결 검색대', 순결바위

한 부부가 황매산(黃梅山) 모산재에 올랐다. 그들은 좁은 틈이 있는 바위 앞에서 '순결하지 못한 사람'이 지나가면 바위가 사람을 압사시킨다는 설명을 듣고는 잔뜩 긴장한다. 이어 아내가 남편에게 들어가보라고 하지만 남편은 당황하며 뒷걸음친다. 함께 찾아오는 부부를 곤혹스럽게 만든다는 '순결바위', 합천 황매산 모산재의 명물이다.

성인이 몸을 옆으로 돌려야 겨우 빠져나갈 수 있는 두 바위 사이에 순결하지 못한 사람이 지나가면 바위가 '심판'하고 압사시킨다는 일명 '순결 검색대'다. 여기에는 경고문도 있다. "이 바위는 평소 사생활이 순결하지 못한 사람은 들어갈 수 없고 만약 들어간다 해도 바위가 오므라들어 나올 수 없다는 전설이 있음."이라는 무서운 경고문이 있다. 그런데 이 바위는 지금까지 한 번도 닫힌 적이 없다. 모두가 순결해서가 아니라 이 무시무시한 이야기를 품고 있는 순결바위를 부부나 연인들이 바위 앞에서 뒷걸음질 쳤기 때문일 것이다.

황매산을 즐기는 매력적인 방법 중 하나는 모산재(767m)에서 삼라만상을 보는 것이다. 바로 영암사지에서 모산재로 오르는 등산길인데 황매산의 매력을 제대로 맛보려면 이 산행을 해야 한다. 오죽하면 '영남의 소금강'이라는 별칭이 붙었을까.

영암사지에서 돛대바위와 무지개터를 지나 모산재까지는 약 1시간 30분이면 충분히 오를 수 있고, 모산재에서 황매평원까지는 능선을 따라 약 30분 정도 걸리니 산행하기에도 딱 알맞다. 돛대바위로 오르는 철책다리는 거의 수직에 가깝다. 오르는 것 자체만으로도 아찔한 스릴을 맛보게 해준다.

돛대가 있으니 돛대를 띄울 바다도 있어야겠다. 다만 이곳은 산속이니 바다 대신에 작은 저수지가 돛대 아래 펼쳐져 있다. 돛대바위는 임을 만나러 은하수를 건너다 그만 황매산에서 멈추고 말았다는 이야

순결바위

기를 갖고 있다.

황매산의 무지개터는 천하제
일 명당으로 유명하다. 이곳
에 묘를 쓰면 '천자(天子)가
태어날 땅'이라고 한다. 하
지만 그 대가는 치러야 한
다. 나라에 기근이 찾아든
다는 것이다. 이러한 이유 때
문에 이곳에 묘를 쓰지 못한다는
이야기도 전해지고 있다. 하지만 기암
괴석과 명당의 기운을 받아 산을 오르

모산재

면 오를수록 기운이 솟아난다. 이 또한 아이러니하다. 모산재는 풍수
지리적으로는 해인사가 있는 가야산에서 내달린 산줄기가 황매산을
지나 거침없이 뻗으면서 그 기백이 모인 곳이라고 하니, 높이 치솟은
암봉을 기어올라가도 전혀 힘들지 않고 오히려 기운이 솟아난다는
것이다.

하나의 산봉우리임에도 '모산봉'이 아닌 '고개'를 뜻하는 '모산재'
라 이름 지었다. 그 무슨 사연도 있으리라. '모산'은 '띠의 산'을 뜻한
다. 띠는 잔디보다 큰 볏과의 식물로 예전에는 농가에서 띠잎으로 도
롱이 등 여러 물건으로 만들어 쓰기도 했다. 이 띠는 풀 중에 가장 순
결한 풀로 모산은 '순결한 산'을 의미하는데, 정상 부근에 순결바위
가 있는 것도 우연은 아닌 것으로 보인다. 문득 태초의 사연이 궁금
해진다.

봄에는 철쭉동산, 가을에는 억새동산

경상남도 합천군과 산청군을 경계 짓는 황매산은 아름다운 매화꽃이 활짝 핀 모양을 닮았다 해서 붙여진 이름으로, 1983년에 황매산군립공원으로 지정되었다. 황매산은 재주가 참 많다. 봄에는 철쭉동산이 되어 언덕같이 생긴 산 정상 부근에 분홍빛 융단을 깔아놓는다. 5월 철쭉 철이면 하루에 무려 20만 명이 찾아와 발 들여놓을 틈이 없다. 황매산은 어느 철쭉산보다도 오르기 수월하기 때문에 많은 사람들의 사랑을 받고 있다.

꽃잎이 지는 여름에는 신록의 동산이 펼쳐지고, 가을에는 철쭉 사이에 몸을 숨겼던 억새들이 어느새 사람 키만큼 자라 산들바람에 은빛 물결을 출렁인다. 철쭉·억새 군락지에는 큰 나무가 없어 겨울이 오면 설경이 장관을 이룬다. 사시사철 색다른 경치를 자랑하는 황매산은 접근하기도 편리하다. 1,108m의 정상 바로 아래 해발 850m 지점에 황매산 오토캠핑장이 있어 이곳까지 차가 오른다. 철쭉·억새동산은 오토캠핑장을 둘러싸고 있기 때문에 남녀노소 누구나 공원에서 거닐 듯 편하게 산책을 즐길 수 있다. 등산이 목적이라면 모산재 코스 외에 또 다른 길이 있다. 오토캠핑장 위쪽 능선을 올라 가파른 바위 능선 데크길을 따라가면 정상에 오를 수 있는데, 삼봉(상봉·중봉·하봉)을 거쳐 법연사 방면으로 하산하는 코스다.

영암사지는 통일신라 시대의 천년고찰로 지금은 텅 빈 절터이지만 여전히 신비스러운 기운을 간직하고 있다. 사지답사의 첫손가락에 꼽힐 만큼 알아주는 명소다.

황매산 철쭉동산

이성계의 조선개국을 도운 무학대사의 고향

영암사지 위쪽에 있는 국사당은 무학대사(1327~1405년)가 태조 이성계의 등극을 위해 기도했다고 하는 곳이다. 여기서 무학대사가 등장할 수밖에 없는 건 무학대사는 이곳 합천에서 태어났기 때문이다. 합천에서 태어난 무학대사는 1353년(고려 공민왕 2년)에 원나라로 유학을 갔다. 그곳에서 원나라에 와 있던 인도인 승려 지공선사로부터 가르침을 받고 귀국했다. 그러고는 이성계와 만난 후 그가 왕이 될 것임을 예견했다. 무학대사는 조선개국과 함께 왕사가 되었고 한양으로의 천도 등 개국 과정에서 굵직굵직한 공헌을 하게 된다.

무학대사는 국사당에서 수도하며 이성계의 등극을 빌었는데, 한번은 그의 어머니가 찾아왔다. 어머니는 이곳을 찾아오는 도중 험한 산에 오르다 발이 미끄러지며 엉겁결에 땅가시나무를 잡아 손에 피가 흘렀다. 이때 마침 옆에 뱀이 기어가는 바람에 도망을 치다 칡넝쿨에 걸려 넘어진다. 여러 고비를 지나 간신히 국사당에 도착해 무학대사를 만난 것이다.

이 모습을 본 무학대사는 어머니를 위해 백일기도를 올렸는데 그이후로 황매산은 '3무(無)의 산'이 되었다고 한다. 땅가시나무와 뱀, 칡넝쿨이 없는 산이다. 그래서 어느 산에나 있는 이 세 가지가 황매산에서는 찾아볼 수 없게 되었다는 이야기다.

군립공원으로 지정되기 전의 황매산은 목장이었다. 능선에 목초지가 펼쳐졌을 모습도 꽤나 아름다웠을 것 같다. 황매산에는 요즘도 약초가 많이 나지만 아무나 캘 수 없게끔 통제하고 있다.

사시사철 환상적인 풍광의 오토캠핑장

황매산 정상 바로 아래에 위치한 오토캠핑장은 해발이 850m나 된다. 숲이 우거진 산이 아닌 구릉지처럼 생긴 산이라 주변 경치도 일품이다. 봄이면 철쭉동산, 가을이면 억새동산, 겨울이면 설산으로 아름다운 자태를 뽐낸다.

황매산 오토캠핑장의 큰 매력 중 하나는 가족과 함께 이야기하며 산책하기가 아주 좋다는 점이다. 정상이 캠핑장 바로 위에 있으니 합천군과 마주한 산청군도 한눈에 들어온다. 특히 오토캠핑장에 불을 가득 밝히는 밤이면 잊을 수 없는 야경을 선사한다. 캠핑을 즐기는 사람들에게는 필수코스가 될 법하다.

이곳에서 맞는 일출과 일몰 또한 놓칠 수 없는 풍경이다. 오토캠핑장에는 텐트를 설치할 수 있는 사이트가 55면이나 되고, 카라반 전용 사이트도 있다. 전기 사용이 가능하며 화장실, 실내 샤워실, 온수 시설, 세탁실, 매점, 식당이 있으며 와이파이도 이용 가능하다.

합천은 천 년의 문화와 깨끗한 환경을 두루 갖춘 내륙의 관광명소로서 새롭게 부상하고 있는 고장이다. 황매산군립공원 역시 합천에 촬영 세트장이 생기면서 전국의 여행객들로부터 주목받기 시작해, 철마다 다른 매력을 발산해 사람들의 발걸음이 끊이지 않는 곳이 되었다. 가야산국립공원과 해인사로 대변되어 온 합천에는 최근 영상테마파크도 유명해지면서 더 많은 사람들이 찾고 있다.

단양 사인암
풍류객의 시심을 품은 대자연의 병풍

신이 빚은 바위탑, 묵객들의 천국

어느 누군가가 '자연에 새긴 인간의 작품'을 훔쳐가려 했다. 큰 바위를 우선 다 자르긴 했는데 너무 무거워서 들고 가지는 못했다. 그 바람에 큰 바위는 흉하게 두 동강이 난 채 누워 있다는 이야기다.

소백산맥 줄기가 소백산 연화봉을 지나 서쪽 월악산으로 향할 즈음, 산맥이 남쪽으로 휘어지며 북쪽 땅을 끌어안고 있는데 그곳이 충청북도 단양 대강면이다. 이 산맥에서 발원해 북쪽의 남한강을 향해 흘러내리는 청정계곡이 남조천으로 2개의 시내가 Y자로 한데 모여 사인암 앞에서 큰 내를 이룬다. 신선이 노닐기에 딱 좋은 곳으로 조선의 명망가들이 풍류를 즐기다 가곤 했다. 추사 김정희는 이곳을 보며 감탄했고 단원 김홍도 역시 이곳에 반해 먹을 갈았다.

　개천 건너편 도로에서 바라보면 높이 50m 안팎의 높다란 바위탑이 세워져 있다. 혹자는 이를 보고 '자연 병풍' 같다고도 표현한다. 사각형의 바위 수십 개를 정교하게 짜맞춘 듯, 탑처럼 솟아 절경을 빚었다. 혹은 커다란 바위 표면에 예리한 칼로 '밭 전(田)' 자 모양으로 잘라 맞춰놓은 듯하다. 이는 신의 영역이 아니고서야 창조할 수 없는 걸작이다. 만약 인간의 손으로 만들었다면 이것 역시 불가사의로 꼽아야겠다.

　바위 틈에는 몇 그루의 소나무가 한 줌의 흙기운으로 수백 년 함께하고 있다. 자연 속의 분재다. 거대한 분재 같은 사인암(舍人巖)은 단양 출신의 고려 후기 유학자인 우탁(1263~1343년) 선생이 정사품 '사인(舍人)' 벼슬에 있을 때 즐겨 찾은 곳이다. 그래서 훗날 조선 성종 때 단양군수 임제광이 우탁을 기리기 위해 이곳을 사인암이라 불렀다. 즉 벼슬명에서 따온 이름으로 지금은 단양팔경 중 하나가 되었다.

선현들이 남긴 '사인'

어떤 사람들은 개천을 사이에 두고 이쪽 마을 도로에 서서 사진 몇 장 찍고 가고, 어떤 이들은 사인암에 다가가 바닥의 넓다란 바위 위를 뛰어다니다 돌아선다. 바위뿐인 사인암이지만 그렇게만 보면 너무나 아깝다. 조선의 수많은 풍류객들의 숨결이 서려 있는 곳이기에 이 절경

을 음미하고 더불어 일종의 감상문까지 엿봐야 사인암을 제대로 본 것이라 할 수 있다. 옛 선비들은 왜 사인암을 찾았을까? 그리고 어떤 심정으로 노래했을까? 선현들은 풍광을 즐긴 후 후손들에게 수많은 '메모'를 남겼다.

　햇빛을 정면으로 받은 벽면은 바랜 듯한 푸른빛이다. 사인암 앞 개천으로 내려가면 널따란 바위들이 널렸다. 그중 한쪽 넓적바위에는 장기판이 또렷하게 그려져 있다. 둘이 함께 앉아 장기를 한 판 두고 싶은 심정이다. 그 옆에는 바둑판도 새겨져 있다. 그런데 자세히 보면 어떤 '재주 좋은' 사람이 바둑판을 잘라놓았다. 그러나 다 잘라두긴 했

바둑판 바위를 자른 흔적

지만 돌이 너무나 무거워서 가져가지 못했다고 한다. 선현들은 자연이 선물해준 바둑판을 다함께 즐긴 반면, 한 후손은 개인용으로 소장하려 했던 것이다. 함께해야 더 좋을 물건을 두고 사심을 챙기려 했지만 그러지 못한 흔적이다.

개울에서 절벽을 바라보면 엄청난 바윗돌이 쏟아져 내릴 것만 같은 중압감이 느껴진다. 칼로 자른 듯한 예리한 모서리가 금방이라도 내리꽂힐 듯하다. 이 바위 벽면에 선현들이 수많은 메모를 남겼는데 크고 작은 글씨가 무려 200개가 넘는다고 한다. 그 이야기를 듣고 나니 이 바위가 '사인암(舍人巖)'이 아니라 'sign암' 같았다. 큰 벽면에 마치 롤링페이퍼를 돌리듯 유식자들은 글을 남겼다. 자연이 빚은 바위에 글을 새긴 것이 어쩌면 못마땅할 수도 있겠다. 하지만 이것 역시 선현들이 남긴 하나의 유산으로 이해하고 보면 또 다른 풍경으로 보인다.

사인암에 이름을 새긴 선인들

풍류객과 묵객들은 사인암에 대해 어떤 느낌을 받고 노래했을까?

> 有暖芬盡 有色英 雲華之石 愼莫鐫名
>
> (유난분진 유색영 운화지석 신막전명. 따스한 향기는 날로 더하고 빛 또한 영
>
> 롱한데 구름꽃 같은 절벽에 삼가 이름을 새기지 마라.)

이름을 새기지 말라고 했지만 그러고도 그곳에 자신의 이름을 새긴 사람은 바로 조선 후기 원령 이인상(1710~1760년)이다. 1735년 진사에 급제해 북부참봉과 음죽현감을 지냈다. 서화에 능해 삼절(三絶)이라 불렸고 인장(印章)을 잘 새긴 것으로 유명했다.

> 獨立不懼 遯世無悶
>
> (독립불구 둔세무민. 홀로 서니 두려운 것이 없고 세상을 은둔하니 근심이 없다.)

이는 조선 후기의 문인화가 윤지 이윤영(1714~1759년)의 낙관이다.

> 卓爾弗群 確乎不拔
>
> (탁이불군 확호불발. 뛰어난 것은 무리에 비할 바가 아니며 확실하고 단단해서
>
> 꿈쩍도 않는다.)

위는 조선 영조 때 단양 16대 군수 조정세의 글씨로 추정된다.

退藏 雲叟

(퇴장 운수. 물러나 은둔하여 숨는다.)

호가 운수라는 사람의 글이나 그가 누구인지는 불분명하다.

一柱擎天 百川廻欄

(일주경천 백천회란. 치솟은 절벽은 하늘을 움켜잡고. 골 곤아서 흘러온 물은
굽이쳐 흐른다.)

1807년 충청도 관찰사, 1829년 우의정을 지냈던 온양 정만석의 글
인데 훗날 외직에 있을 때는 선정을 베풀어 청백리로 일컬어졌다.

朗原君 重遊(낭원군 중유. 낭원군이 거듭 노닐다.)

낭원군은 선조의 손자인 인흥군 영의 아들 화숙 이간(1640~1699년)
이다. 1693년 태백산 사고에『준원록』을 갖고 가는 길에 들러 흔적을
남겼다. 낭원군은 학문에 능해 시가에 뛰어났고 30수의 시조가 전해
지고 있다.

金宗漢(김종한)

김종한(1844~1932년)은 1897년 함경도 관찰사였으나 1910년 이완
용이 조직한 친일단체 정우회(政友會)의 총재직을 맡았던 인물이다.

그 공로로 일본으로부터 남작의 작위를 받았다. 그가 여기에 자신의 이름을 새긴 것은 아마도 친일행위를 하기 이전으로 추정된다.

풍류객들이 취할 수밖에 없었던 풍경

묵객들 역시 사실에 가까운 화법을 구사하기도 했지만 거기에 자신의 상상력까지 펼쳐 사인암의 독특한 미를 표현한 작품을 탄생시켰다. 김홍도는 주변은 빼고 사인암만을 부각시켰다. 그는 고민을 거듭하며 1년을 그렸지만 완성하지 못했다고 한다. 이방운은 사인암에 자신의 상상력을 최대한 발휘해 화폭에 광범위하게 담았으며, 정선은 사인암 옆의 폭포까지 끌어와 또 다른 느낌의 사인암을 표현했다.

사인암 옆에 보면 좁은 계단이 있는데 이 계단을 올라가면 암벽으로 둘러싸인 작은 터에 삼성각이 있다. 각종 기도에 효험이 좋다는 암자다. 이곳 암벽에도 글들이 무수히 새겨져 있다. 사인암에서 가까운 곳에는 또 다른 단양팔경인 상선암·중선암·하선암이 있다. 사인암에서 멀지 않은 곳의 하천을 따라 있다. 황장산(1,077m)과 문복대(1,074m)에서 발원해 흘러내리는 선암계곡을 따라 절경이 펼쳐지는 이곳을 '삼선구곡(三仙九曲)'이라 부른다. 이곳의 바위에도 예외 없이 풍류객들이 멋진 풍경에 취해 그들의 이름과 글을 빼곡히 남겼다.

삼선암이 있는 계곡은 특히 여름철 피서객들이 몰리면 북새통을 이룬다. 물놀이를 즐기면서 바위에 새긴 글을 찾아보며 옛 선비들이 경치를 노래한 시심을 짚어보는 것도 의미 있을 것이다. 경상북도 문

단양 사인암

경에서 올라오는 59번 국도를 따라 이 하천도 북으로 함께 내달린다.

조선의 학자 치도 권상하(1641~1721년)는 스승 송시열이 유배를 가자 벼슬을 버리고 이곳에 은둔해 상선암 근처에 수일암을 짓고 자연을 즐기며 자신의 이름을 새겼다.

거대한 분재 같은 사인암

4장

따뜻한 이야기가 녹아 있는 곳

남해 독일마을

한국에서 독일 중세마을의 풍경을 만끽하다

파독 간호사와 광부의 마을

머나먼 이국 독일 땅에서 한국인 간호사들은 월급날이 되면 눈물로 번 돈을 들고 일제히 은행으로 몰려갔다. 바로 한국의 부모와 가족에게 송금하는 날이기 때문이다. 어떤 이는 미혼이었고 어떤 이는 어린 자녀들을 키우다 독일로 떠났다. 독일로 간 간호사들은 번 돈을 한 푼도 쓰지 않고 오로지 일만 하며 송금했다. 함께 파견된 광부들도 똑같이 했다. 당시 간호사 월급은 평균 800마르크(Mark)였다고 한다. 한화로는 16만 원 정도였다. 한국의 초급 공무원 월급이 3,300원 하던 시절이었으니 큰돈이었다.

경제적으로 어려웠던 1960~1970년대에 가족과 헤어져 돈을 벌어야 했던 수많은 파독 간호사와 광부 들은 1만 8천 명에 달했다. 그들의 눈물겨운 송금액은 당시 우리나라 GDP의 2% 규모에 달했다고 하니, 그들의 노고를 빼놓고는 근대화나 경제대국을 논할 수 없을 정도다. 2차세계대전 패전국인 독일은 미국의 '압력'으로 파독 근로자들의 급여를 담보 삼아 한국의 경제발전에 필요한 차관을 제공했고, 그 돈은 경제성장의 밑거름이 되었다. 그들의 눈물 어린 노력을 생각하면 숙연해진다.

지하 1,000m 막장의 위험 속에서 광부들은 목숨을 담보로 돈을 벌었고, 독일은 그 돈을 담보로 차관을 제공했으니 가슴이 뭉클해질 수밖에 없다. 한국의 간호사와 광부 들은 근면성실해서 현지의 평판이 아주 좋아 계약을 연장하는 일도 많았다. 이들은 오늘날 유럽 한인사회의 중심이 되었다.

눈물로 떠났던 간호사와 광부 들이 백발이 될 즈음 고국으로 돌아왔다. 그리고 오랜 세월 떠나 살았던 한국사회에 대한 적응이 두려워 그들끼리 한 울타리에 모였다. 그곳이 바로 경남 남해 바닷가에 위치한 풍경 좋은 '독일마을'이다. 고국으로 돌아오고 싶어도 선뜻 오지 못한 이들을 위해 남해군이 보금자리를 만들어준 것이다. 당시 남해군이 의욕적으로 추진해 1999년 독일 마인츠 등지를 돌며 설명회를 열었다. 노년기를 맞은 그들의 반응은 무척 좋았다. 돌아오고 싶었지만 문화적 차이를 극복하기가 쉽지 않아 망설였는데, 그 결심을 남해군이 내리게끔 도운 것이다. 대신에 그들이 한평생 살아온 독일에 대한 향수도 누릴 수 있도록 30여 채의 모든 주택을 붉은 지붕에 하얀 벽의 독일풍으로 따라 지었다. 독일인 배우자가 있는 경우도 있었기 때문이다. 건축자재도 교포들이 직접 독일의 재료를 수입해 전통 독일식 주택으로 지어 그 가치를 돋보이게 했다.

관광명소가 된 이국적인 독일마을

그들의 애환과는 달리 아름답고 이국적인 독일마을은 많은 사람들로부터 호기심과 관심을 끌었고 일약 전국구 관광명소가 되었다. 독일마을은 '보물의 섬'으로 불리는 남해군에서도 제일 남쪽에 자리 잡고 있다. 야트막한 산비탈에 30여 채의 독일식 건물이 있는데 아름다운 남해군의 앞바다 '남해'를 조망하는 경치가 일품이다. 국내에서 보기 힘든 이국적인 풍경인 만큼 이 집 저 집 서로 다른 주택을 보는 재미도 쏠쏠하다. 마치 독일의 어느 시골 마을에 온 듯한 착각에 빠져든다. 아기자기하면서도 예쁘기 그지없다.

나는 늦여름의 소나기가 오던 날과 그로부터 2년이 지난 2월의 봄바람이 불던 날, 이렇게 두 차례 독일마을을 여행했다. 첫 번째 여행 때는 드라마 〈환상의 커플〉의 무대인 '철수네 집'을 빗속에서 우산을 쓰고 지켜봤던 것이 인상 깊었다. 비를 피해 어느 집 출입구 현관에 잠시 서 있으니 옆집 독일인 할아버지가 눈을 마주치며 독일 특유의 무뚝뚝한 목소리로 "모르겐(Morgen, 안녕)." 하고 인사를 건넸다. 나는 갑작스럽게 받은 인사라 얼떨결에 목례와 함께 "모르겐."으로 답했다.

독일풍의 마을에서 하룻밤을 묵으면서 경치를 만끽해보는 것도 좋

독일마을

겠다. 마을에는 관광객을 위한 펜션도 있다. 민박집의 이름도 독일식
이어서 흥미롭다. 알프스하우스, 하이디, 구텐베르크, 로젠하우스, 베
토벤하우스, 괴테하우스, 하이델베르크 등 우리에게도 익숙한 인물과
지명을 이용한 이름이다. 마치 독일에 온 듯한 기분을 느낄 수 있다.
마을 중앙에 있는 맥줏집에서 마을과 바다를 조망하며 힐링의 시간을
즐길 수 있다.

　독일마을은 매년 10월이면 독일의 맥주축제인 '옥토버페스트
(Oktoberfest)'를 개최한다. 1810년부터 뮌헨 서부의 테레지엔비제
(Theresienwise)에서 열리는 세계 최대 민속축제의 축소판을 이곳에서

도 열고 있다. 실제 독일에서 열리는 맥주축제는 전 세계에서 500만 명이나 몰린다고 하니 가히 명품 축제임이 틀림없다. 독일마을 주민들의 라틴댄스와 다양한 공연 행사는 물론 독일 맥주와 와인 시음회, 독일 소시지 등 먹을거리를 제공해 독일 현지 축제를 간접적으로나마 느껴볼 수 있다.

사계절 색다른 이야기가 있는 원예예술촌

고갯마루 뒤쪽에는 원예예술촌이 있다. 사계절 언제 어느 때 가도 좋다. 철마다 들려줄 이야기가 있기 때문이다. 이 외에도 또 있다. 바람결에 실려온 소리가 귓전을 파고든다. 저만치 앞서 가는 사람들의 말소리, 뒤따라오며 즐거운 대화를 나누는 사람들의 이야기가 그렇다. 그래서 아무 생각 없이 걷기만 해도 마냥 즐겁다.

5만 평의 부지는 산책하기에 딱 알맞다. 더 넓으면 지루해질 수도 있고 더 작다면 조금은 심심할 것이다. 사랑하는 사람과 함께 거닐기에는 이 정도의 규모가 딱 좋다. 2009년 5월에 개장한 원예예술촌은 20여 명의 원예인들이 집과 정원을 개인별 작품으로 조성한 정원이다. 5만 평 부지에 다양한 크기의 스파정원·토피어리정원·조각정원·풍차정원·풀꽃정원·채소정원 등이 개인 자택에 딸려 있고, 각각의 정원은 21개 주택과 함께 다양한 개성을 보여준다.

또한 이 개인 정원을 국가별 이미지와 테마를 살려 이야기를 담아내 보는 재미도 쏠쏠하다. 가령 일본풍 차도(茶道)정원인 '화정(和庭)'

은 고요한 정신세계가 깃든 절제된 정원을 보여준다. 집에서 조용히 차를 마시며 일본식 정원 특유의 아기자기한 풍경을 감상하는 콘셉트다. 프랑스풍의 프렌치가든, 핀란드풍의 핀란디아 등 집집마다 품고 있는 이야기가 다르니 재미있다. 이곳 집들은 주인이 직접 거주하면서 가꾸고 있다.

구례 산수유마을

노랗게 물든 '설움의 꽃' 산수유

중국 산동성 처녀의 예물, 산수유나무

> 지리산 산수유 입에 넣으면 지리산 처녀의 행기(향기)가 나네
> 지리산 산수유 입에 넣으면 지리산 처녀와 입맞춘다네
> 지리산 산수유 입에 넣으면 입맛이 시큼(침춤)이 흐른다

구례 산동(山洞)에 전해 내려오는 산수유 노랫말이다. 산수유를 입에 넣으면 지리산 처녀의 향기가 나고 입맞춤을 한 것이라고 노래하고 있다. 산수유에 어떤 사연이 있길래 그러는 것일까?

대한민국 대표 산수유마을은 구례 산동이다. 산동, 귀에 익은 지명

봄날의 산수유마을

이다. 중국 산동(山東)성이 떠올랐다. '설마' 했는데 정말 중국 산동성
과 관련이 있다. 약 1천 년 전 중국 산동성의 한 처녀가 이 마을로 시
집오면서 산수유나무 한 그루를 갖고 와 지금의 산수유마을이 되었다
고 한다. 산수유나무가 '예물'이었던 셈이다. 그때 가져왔다는 산수유
시목(始木)도 산동면 계척마을에 고목으로 자라고 있다. 이미 1천 살
이나 되었을 만큼 나무는 늙었고, 지지대의 부축을 받으며 힘겹게 몸
을 가누고 있었다.

　구례군 산동면은 '지리산 골짜기 동네(산동네)'라는 의미이지만 어
찌 되었건 중국의 산동성과 관련은 있었다. 구례~남원 간 19번 국도
상에서 지리산온천 방면으로 진입하니 대단위 온천단지가 먼저 눈에
들어온다. 산수유꽃도 봄바람에 손짓하는 양 흔들거렸다. 지리산온천
관광호텔과 지리산 가족호텔 등 온천지대를 지나면 본격적으로 산수
유마을이 나타난다.

'영원불멸의 사랑'이라는 산수유 꽃말을 소재로 한 산수유꽃 조형물과 하트 모형들이 설치된 산수유 사랑공원이 있는 곳부터 산비탈마을까지는 산수유숲을 따라 긴 타원형 길로 일방통행 하도록 되어 있다. 주차를 해두고 걸어서 돌아봐도 좋지만 걷기에는 조금 힘드니 중간중간 차를 세워가며 즐기는 것도 좋다. 하위마을을 거치면 맨 위쪽에 상위마을이 나온다. 산동면 위안리 상위마을이다.

산수유를 까던 산동마을 아가씨

계곡을 따라 조금 오르니 말린 산수유와 각종 산나물, 고로쇠물을 팔고 있는 주민이 있었다. 남원에서 이곳으로 시집온 강순금 여사에게 산수유와 관련된 궁금한 질문들을 쏟아냈다. 나는 우선 '산수유 처녀' 이야기가 궁금하다고 했다. 강 여사는 예전에 산수유 까던 이야기를 꺼내면서 조금은 지긋지긋해했다.

산수유는 수확한 다음 건조시키면서 열매 속의 씨를 발라내야 하는데, 주로 여자들이 이로 깨물어서 열매를 깠다고 했다. 다른 방법이 없었기 때문이다. 턱 아래에 그릇을 받치고 산수유를 한 알 한 알 입에 물고 앞니로 까는 과정을 반드시 거쳐야 했다. 산더미처럼 쌓인 산수유를 어떻게 전부 다 그렇게 깠을까 싶다. 그래서 이 산동마을 처녀들은 일생 동안 산수유를 까느라 앞니가 다 닳아 보기 흉한 모습이 되었다고 한다.

그래서 옛날부터 산동마을 아가씨는 전국 어디를 가더라도 금방 알아볼 수 있었다고 한다. 앞니가 닳아 망가진 치아만 보면 산동 아가씨라는 것을 알 수 있다는 의미다. 그러다 보니 다른 사람 앞에서 제대로 웃을 수도 없었다고 한다.

강 여사는 당시 일이 생각났는지 얼굴을 찡그렸다. 그래도 금세 웃으면서 "산동 아가씨는 치아만 가리면 제일 예뻐요."라고 했다. 왜냐고 물으니 "산수유를 먹어 예쁘지요."라고 한다. 강 여사님께 "그럼 예전에 이곳에 살던 아가씨 입에서 나온 걸 우리가 먹는 셈이네요." 했더니 "그러지(그렇지)."라는 대답이 바로 돌아왔다. 산수유를 먹으면 지리산 처녀의 향기가 나고 입맞춤을 한 것이라 말하는 이유를 이제야 알았다. 강 여사님은 한 마디 더 했다. "옛날에 인물로 보면 산동 아가씨보다 더 예쁜 아가씨는 없었어."

이곳의 산수유나무는 모두 주인이 있다. 자기 집 주변은 물론 계곡에 있는 것도 모두 주인이 있다. 옛날에는 나무 한 그루만 있어도 부자였다. 일명 '대학나무'다. 제주도의 감귤나무가 그랬고, 광양의 매화나무가 그랬고, 고흥의 유자나무가 그랬듯이, 이 산수유나무도 한 그루만 있으면 자식을 대학에 보낼 수 있었다고 한다.

산수유는 수확해서 먹는 데까지의 과정에서 손길이 10번은 간다. 여러 농사 중에 노동력이 가장 많이 드는 일이라고 한다. 산수유 한 그루에서 수확을 하면 대략 100만 원의 소득을 얻을 수 있다. 나무 한 그루에 산수유가 많이 열리면 60근(36㎏) 정도 수확할 수 있다고 한다. 대략 1㎏당 3만 원이니 전부 계산해보면 108만 원 정도다. 하지만 이는 최고치의 경우고 평균으로 치면 이보다는 적다. 강 여사님은 산수유나무를 1백 그루 정도 갖고 있다고 했다. 내가 "1백 그루면 재벌

이시겠네요."라고 했더니 손사래를 치며 "그게 제일 적은 거고 많은 사람은 2천~3천 그루인 집도 있어요."라고 했다.

산수유꽃 필 즈음 밤새워 산닭 먹는다

이 마을에는 산수유 고목이 우거진 오래된 돌담길이 무척 아름답다. 아래쪽으로 내려가면 반곡마을 산수유 군락지가 나온다. 이 산동에 는 마을 단위별 산수유 군락지가 있다. 반곡마을은 개울가에 산수유 군락지가 넓게 퍼져 있는데 데크를 따라 걷는 맛이 일품이다. 산수 유는 중국과 한국이 원산지다. 봄에 꽃이 핀 후 10~11월에 빨간 열 매를 수확한다. 구례 산수유꽃축제 기간에만 전국에서 약 80만 명이 몰려든다.

산수유꽃이 필 때면 구례 주민들이 즐기는 독특한 풍습이 있다. 예 로부터 전래해 오늘날까지도 즐기는 것으로, 바로 몸보신을 위해 산닭 을 먹는 풍습이다. 주민들이 모여 산수유꽃을 구경하고 커다란 물통에 고로쇠물을 잔뜩 담아 산속 펜션으로 들어간다. 그러고는 산닭을 구워 놓고 밤새워 이야기하며 먹는다. 방을 따뜻하게 지펴놓고 서로에게 덕 담도 건네며 산수유 시즌을 즐긴다고 한다. 중국에서도 이와 유사한 풍습이 있어 눈길을 끈다.

옛날 중국에 장방이라는 현자가 있었다. 어느 날 장방이 항경에게 말하기를 "오는 9월 9일 너의 집에 반드시 재앙이 있을 터인데, 화를 면하려면 집안사람 모두에게 주머니를 만들어 산수유 열매를 넣고 팔

산수유꽃

에 걸어 높은 곳에 올라가 국화술을 마시면 괜찮을 것이다."라고 했다. 이에 놀란 항경은 그의 말대로 가족과 함께 뒷산에 올랐다. 이튿날 집에 돌아와보니 기르던 가축이 모두 죽어 있었다. 장방은 "가축이 사람 대신 죽었군. 산수유와 국화술이 아니었다면 사람들은 죽었을 것이다."라고 말했다. 그 후 중국에서는 9월 9일 중양절(重陽節)에 산수유 주머니를 차고 산에 올라 국화주를 마시는 풍습이 생겼다.

산수유는 사랑을 뜻한다. 누군가가 산수유꽃과 열매를 준다면 이는 변치 않는 사랑을 맹세하기 위해 주는 선물이다. 구례의 옛 젊은이들은 연인에게 애정 공세를 펼칠 때 산수유를 주었다고 한다. 밸런타인데이나 화이트데이 때 주는 초콜릿과 사탕보다 훨씬 멋져 보인다.

백부전의 한 맺힌 이야기

지금은 산동 산수유마을이 아름다운 마을로 소문나 있지만 어둡고 참담했던 시절도 있었다. 꽃도 채 피우지 못하고 열아홉 생을 마감한

한 소녀의 아픈 한이 서려 있는 곳이다.

이곳 상관마을의 〈산동애가(山洞哀歌)〉로 전해지는 백부전 이야기다. 백부전(본명 백순례)은 일제강점기 때 징용으로 큰오빠를 잃었고 둘째 오빠도 죽음으로 내몰렸다. 마지막 남은 셋째 오빠도 여수 순천 10·19사건 이후 끌려갈 찰나에 어머니가 집안의 대가 끊어질 것을 크게 걱정하며 딸이 대신 갈 것을 부탁했다. 열아홉의 백부전은 "내가 대신 죽을 테니 제발 오빠만은 살려달라."라고 애원하며 셋째 오빠 대신 생을 마감했다. 해방 직후 혼란했던 우리의 현대사가 결국 한 소녀의 생을 비극적으로 마감하게 한 것이다. 이때 처형장으로 끌려가던 열아홉 소녀는 한 맺힌 노래 〈산동애가〉를 불렀는데, 당시 군경을 통해 알려져 동네 주민들도 따라 부르며 그 노랫말이 구슬프게 전해져오고 있다.

잘 있거라 산동아 너를 두고 나는 간다

열아홉 꽃봉오리 피워보지 못하고

까마귀 우는 곳을 병든 다리 절어절어

다리 머리 들어오는 원한의 넋이 되어

노고단 골짝에서 이름 없이 스러졌네

잘 있거라 산동아 산을 안고 나는 간다

산수유 꽃잎마다 설운 정을 맺어놓고

회오리 찬바람에 부모 효성 다 못 하고

갈 길마다 눈물지며 꽃처럼 떨어져서

구례 산수유마을

노고단 골짝에서 이름 없이 스러졌네

(대사)

살기 좋은 산동마을 인심도 좋아

열아홉 꽃봉오리 피워보지도 못하고

까마귀 우는 곳에 나는 간다

노고단 화엄사 종소리야 너만은 너만은 영원토록 울어다오

부안 채석강·적벽강
연인들의 사랑은 붉은빛으로 채색된다

부안의 연인들은 왜 채석강에 가지 않을까

부안 청년 태찬 씨는 서천에 사는 여자친구 혜미 씨에게 함께 여행을 가자며 손을 잡아끌었다. 1988년, 갓 21살이던 혜미 씨는 태찬 씨가 좋기는 했지만 단둘이 여행가는 것이 조금은 불안했다. "어디로 갈 거야?" 혜미 씨가 궁금해하자 태찬 씨는 "우리 동네 채석강이 참 좋거든. 사람들이 아주 많이 와."라고 답했다. 채석강이라는 말에 혜미 씨는 솔깃했다. 태찬 씨는 혜미 씨에게 채석강을 구경시켜주겠다며 여행을 떠났다. 그런데 가도가도 채석강은 안 나오고 차는 산속으로 만 들어갔다.

채석강

혜미 씨는 슬쩍 불안했다. "왜 자꾸만 산속으로 들어가?" "응? 여기 선운사야, 고창 선운사." 태찬 씨는 이제서야 목적지가 변산반도 채석강이 아니라 고창 선운사임을 토로했다. 어차피 단둘이 떠난 여행인데 채석강이면 어떻고 선운사면 어떻길래, 무슨 말 못 할 사연이라도 있었을까?

일부 부안 사람들은 채석강(彩石江)에 연인과는 절대로(?) 가지 않는다. 부안 사람들은 이 아름다운 채석강을 돌 깨는 작업장인 '채석장(採石場)'으로 부르기도 한다. 연인과 함께 가면 "채석장 돌이 깨지듯 사랑이 깨진다."라는 속설이 있어서 연인과는 가지 않는 것이다. 태찬 씨가 선운사로 갔던 것은 바로 이 때문이다. 채석강을 구경시켜주겠다는 말은 일종의 미끼였다.

그 둘은 결혼 후에도 채석강 근처에 살았지만 3년 동안은 채석강에 함께 가지 않았다. 이 멋진 절경을 코앞에 두고 참 멀리 돌아 채석강으로 간 사람들이다. 외지인이 듣기에는 너무나 어처구니없는 속설이기도 하다. 차라리 몰랐으면 좋았을 것을, 이런 말을 들은 이상 외지인도 연인과 함께 채석강에 가기가 두려워질 법하다. 속설은 어디까지나 속설일 뿐이지만 그래도 이 속설을 깨끗이 씻어버리고 멋진 채석강에서 연인과 함께 젊은 날의 아름다운 추억 한 장을 그려볼 방법은 없을까.

다행히도 찝찝한 마음을 씻어줄 방법이 있다. 연인들의 사랑을 지켜줄 바람막이 말이다. 채석강에 있는 격포해수욕장에는 그다지 예쁠 것도 없는 인어상이 하나 있다. 이름은 '노을공주'다. 이 인어상은 1993년 채석강 앞바다인 위도에서 격포로 향하던 여객선 서해페리호가 침몰하는 대참사를 겪은 후, 이들의 넋을 위로하고 향후 무사안녕을 기원하기 위해 세워졌다. 이 노을공주에게 소원을 빌면 아름다운 사랑을 보장해준다고 한다. 소원만 잘 빌면 '돌처럼 깨질 사랑'도 '돌보다 단단한 사랑'으로 만들어주는 인어상이다. 대신에 바위가 미끄럽고 위험하므로 가까이 가지 말고, 멀리서 안전하게 바라만 보는 것이 좋다.

안 좋은 속설을 극복하려는 사람들의 이 같은 노력이 눈물겹다. 그렇지만 사랑하는 사람과 어딘가에 가서 소중한 마음을 서로 공유한다는 것이 얼마나 순수하고 고결한 일인가?

7천만 년간 쌓아올린 수만 권 책의 절벽

채석강(彩石江)은 얼핏 들으면 한강·금강·낙동강처럼 '강(江)' 이름이라고 생각된다. 글자로는 '강(江)'이 맞지만 사실 강이 아닌 바닷가 절벽 암반의 이름이다. 채석강은 중국 당나라 시인 이태백이 술에 취해 강물에 비치는 아름다운 달을 잡으려다 빠졌다는 '채석강'에서 따온 이름이다. 이곳이 이태백이 놀던 채석강과 흡사하리 만큼 아름다워서 차용했다고 하는데, 다른 한편으로는 해수면 아래 보이는 암반의 색이 영롱해서 붙여진 이름이라고도 한다.

7천만 년 전부터 오랜 세월 바닷물에 의해 깎인 퇴적층은 마치 수만 권의 책을 쌓아놓은 듯 거대한 모습으로 장관을 이룬다. 파도가 일렁이는 절벽 앞에 서면 유구한 세월과 자연의 신비감이 어우러져 경이로움을 느끼게 해준다. 우리나라에 이런 아름다운 경치가 있다는 것이 한없이 감사할 뿐이다.

검게 보이는 바위들과 절벽은 층층이 이루어져 있고 해안가 바닥에는 끝없는 바위명석을 깔아놓은 것 같다. 썰물 때 암반의 장관은 그 위용을 잘 드러낸다. 모래가 쌓여 있어야 할 자리에 암반이 깔려 있다. 검은 바위 위로 하얗게 부서지는 파도는 한 장의 흑백사진 같다.

그리스 신화도 울고 갈 한국의 여해신 신화

채석강을 이어 약 2km 북쪽에는 적벽강이 있고 그 옆 절벽 위에는 수

성당이 있다. 어느 옛날, 거구의 할머니가 나막신을 신고 칠산바다 위를 성큼성큼 휘젓고 다녔다. 할머니 손에는 커다란 마법의 부채가 들려 있었다. 이 할머니를 '개양할머니'라고 불렀다.

개양할머니는 서해 바다를 다스리는 여해신(女海神)으로 바다 위를 걸어다니며 어부들에게 물의 깊이를 알려주고, 파도가 심하면 부채로 맞바람을 일으켜 파도를 잠재웠다. 어부들이 무사히 바다로 나가 만선의 기쁨을 누리게 해주는 고마운 해신이다. 개양할머니는 오로지 뱃사람들을 지켜주었고 물고기가 풍성한 어장을 만들어주었다. 칠산바다에서 물고기가 잘 잡히도록 도왔을 뿐만 아니라 물고기도 맛이 좋게 만들어주었다.

개양할머니는 8명의 딸을 낳았다. 7명의 딸을 각지의 섬으로 시집보내고 막내딸과 함께 살았다. '서해 바다의 수호신'인 개양할머니가 산 곳은 변산반도 서쪽 끝 적벽강 절벽 바위의 여울굴이다.

그리스 신화의 포세이돈이 삼지창으로 물결을 일으켰다면 개양할머니는 부채로 풍랑을 잠재웠다. 포세이돈은 형 제우스의 부탁을 받고 인류를 멸망시킬 요량으로 온 세상을 물바다로 만들어버렸다. 그래서 포세이돈이 사람을 죽이는 신이라면, 개양할머니는 사람을 살리는 신이었다. 몰아치는 파도를 잠재워 어선들이 무사하도록 돌보았기 때문이다.

포세이돈보다 개양할머니가 훨씬 더 훌륭하지 않은가? 포세이돈에게 신전이 있다면 개양할머니에게는 사당 수성당이 있다. 서양의 남신에 비해 무엇 하나 뒤질 것이 없는 동양의 여신 개양할머니다. 이쯤 되면 한국도 '신화의 나라'라고 해도 되지 않을까? 그런데 우리는 저 멀리 그리스의 포세이돈은 알아도 이렇게 훌륭한 개양할머니는 모르고 산다. 어디서부터 잘못된 것일까. 개양할머니는 지금도 전국의 무속인들을 수성당으로 불러모으고 있다 하니, 수성당은 우리나라 '무속인의 성지'나 다름없다.

붉은 빛에 휘감긴 적벽강의 해질녘

적벽강은 기암괴석과 바다가 어우러지는 환상의 경치가 일품이다. 송나라 시인 소동파가 노닐던 강과 닮았다고 해서 적벽강이라 이름 붙여졌다. 채석강과 마찬가지로 적벽강 역시 강이 아닌 바닷가 절벽 기암괴석이다. 적벽강은 이름처럼 붉은빛 암반과 절벽으로 해안을 이루고 썰물 때 드러나는 바닷속 암반의 파릇파릇한 해초가 장관이다.

수천만 년의 세월 동안 자연은 적벽강 바위를 사자 모습으로 조각했고, 개양할머니가 살았다는 신비스러운 여울굴도 뚫어놓았다. 바다로 길게 뻗어나온 야산 끝부분이 침식하면서 생긴 급경사면(해식애)은 마치 한 마리의 숫사자를 닮아 '사자바위'라고 부르기도 한다. 사자바위와 함께 어떤 바위는 '여인의 볼록한 가슴 같다'고 하고 또 어떤 바위는 '토끼 같다'고 한다.

　해안선을 따라 2km에 이르는 깎아지른 절벽은 저녁노을에 반사되면 한결 더 아름답다. 저녁노을 빛에 휘감기면 모든 바위가 석상물로 변한다. 그리고 적벽강은 온통 '붉은 세상'이 된다. 군데군데 뚫린 크고 작은 해식동굴은 저마다 전설이 있어 더욱 신비감을 자아낸다.

적벽강의 저녁놀

봉화 만산고택

옛 정취를 느끼며 묵는 고택에서의 하룻밤

조선 사대부의 고즈넉한 한옥 집

밤하늘에 별이 유난히 반짝이는 마당에 서서, 기와를 쓴 흙담이 사각형으로 집을 둘러싸고 있는 전통한옥의 정취에 푹 빠져들어본다. 밝은 별들이 흙마당에 죄다 쏟아질 것만 같다. 고즈넉한 한옥, 그리고 솟을대문 사이에 서서 잠시 도시의 아파트와 견주어보았다. 마치 공장에서 대량생산한 듯한 기성품(아파트)과 장인의 정성으로 만든 수제품(한옥)의 차이 같다.

조선 선비의 집에서 하룻밤 묵기로 한 날이다. 고풍스런 전통한옥의 건축미와 멋에 취해보고 싶은 것이 1차 목적이었다. 두터운 콘크

리트 벽과 강화유리로 막힌 아파트 생활에서 벗어나 한지 한 장으로
바깥 공기가 차단된 한옥에서의 체험이 기대되었다. 어릴 때 이런 비
슷한 환경에서 자라긴 했지만, 오랜만에 접하니 이제는 이런 곳이 체
험 현장이 되었다. 편리한 숙소를 마다하고 다소 불편할 수 있는 고택
으로 숙소를 예약했다. 저녁 때가 되어서야 도착한 고택 마당에는 주
인 강백기 선생이 군불을 지피고 계셨다.

　만산고택(晩山古宅), 선비의 고장 경상북도 봉화군 춘양면 의양리에
소재한 이 고택은 올해로 136년 된 집이다. 조선 말 고종 15년(1878년)
에 문신인 만산 강용(1846~1934년) 선생이 지었다. 강 선생님은 만산

선생의 4대손으로 이곳을 지키고 계셨다. 동향 입구에는 11칸짜리 행랑채와 솟을대문이 있다. 솟을대문은 정삼품 당상관 이상의 벼슬을 지내야 가질 수 있었다고 한다. 다시 말해 임금이 계시는 근정전에 올라가서 정사를 논할 수 있는 반열에 올라야 한다는 것이다. 만산 선생은 중추원 의관을 지냈다. 11칸이면 매우 큰 행랑채로 이는 곧 부를 상징했다. 만산고택은 옛날 만석꾼의 집으로 불렸다고 하니 머슴도 많았을 테다.

고택 현판은 인문학의 보고

마당에 들어서면 정면에 고색창연하고 아름다운 사랑채가 눈에 띈다. 사랑채는 사랑방과 대청마루, 조상의 신위를 모시는 감실로 이루어져 있다. 안채가 이 사랑채와 붙어 'ㅁ'자형으로 뒤로 배치되어 있는데, 이 'ㅁ'자 구조는 겨울철 추위를 막아주고 집의 안정감을 높이는 기능을 한다. 'ㅁ'자 내부 마당의 바닥을 시멘트로 한 것이 아쉬움으로 남는다. 안채 역시 안방과 대청, 건넌방, 부엌 등이 있다.

사랑채에서 마당으로 향하면 오른쪽에는 아담한 서당이, 왼쪽 담 너머에는 별당이 있다. 이러한 모든 것들이 모여 조선시대 가장 전형적인 사대부의 가옥구조를 갖추었다는 평가다. 춘양목으로 지은 기둥은 130여 년이 지난 지금도 끄떡없다. 철근과 콘크리트로 지은 현대식 아파트도 30년만 지나면 부식되고 균열이 생기는데, 이에 비하면 옛 전통가옥의 기술은 놀라울 뿐이다.

사랑채는 당시 강용 선생이 거처하던 곳으로 전면 가장 오른쪽에 '대기만성(大器晚成)'을 뜻하는 '만산(晚山)'이라는 현판이 있다. '만산'은 강용 선생의 호로 고종의 아버지인 흥선대원군이 지어주었고, 이 현판도 친필로 써주었다고 한다.

나는 현판에 갑자기 관심이 생기기 시작했다. 만약 이 현판들을 혼자 봤다면 그저 '현판이 있구나.' 하고 넘어갔을 일을, 이를 쓴 사람과 뜻을 알고 나니 흥미가 생겼다. 그래서 잠시 현판 공부를 이어갔다. 사랑채에는 '만산' 외에도 현판이 3개 더 있다. 만산 현판 왼쪽으로 '정와(靖窩)' '존양재(存養齋)' '차군헌(此君軒)'이 나란히 있다. '정와'는 당시 뛰어난 서예가 강벽원 선생이 썼다. '조용하고 온화한 집'을 뜻하는데 사람에 따라서는 현판에 '고요할 정(靜)' 자를 써서 '靜窩(정와)'라고 쓰기도 하는데 의미는 같다.

존양재의 '존양'은 '본심을 잃지 않도록 착한 마음을 기른다.'라는 의미로 『조선왕조실록』에도 이 표현이 등장한다. 3·1운동을 한 33인 중 1명인 오세창의 글이라고 했다. '차군헌'은 조선 후기 서예가인 권동수의 글로 '차군'은 대나무를 예스럽게 부르는 표현이다. 역시 선비풍의 용어를 현판에 차용했다.

뒤에 붙는 '재'와 '헌'은 '집'을 의미한다. 조선시대 한옥이나 궁궐 등 건물 이름에는 '전(殿)-당(堂)-각(閣)-재(齋)-헌(軒)-루(樓)-정(亭)' 등의 글자가 붙는다. 이는 '집'을 뜻하는 말이다. '전'은 근정전·석조전처럼 주로 임금이 사용하던 집에 붙인 말이다. 나머지는 격에 따라 순서가 있긴 하지만 구별이 모호하다는 것이 학자들의 견해다.

자녀들의 공부방이었던 서당에는 오른쪽 방문 위에 권동수의 '서실

(첫 번째)현판 만산, (두 번째)현판 존양재, (세 번째)현판 차군헌, (네 번째)현판 한묵청연

(書室)' 현판이 있고, 왼쪽 방문 위에는 '한묵청연(翰墨淸緣)'이라는 현판이 있어 눈길을 끌었다. 특히 한묵청연은 고종의 일곱째 아들 영친왕이 8살 때 쓴 글씨다. 어찌 8살이 저렇게 멋지게 글씨를 쓸 수 있었을까. '한묵'은 '문필(文筆)'을 뜻하고 '청연'은 '맑고 깨끗한 인연'을 의미한다.

이처럼 현판은 함축적이고 의미 깊은 말들로 되어 있다. 이곳의 주요 현판은 도난 문제 때문에 모두 연세대학교박물관에 보관하고 있고, 현재 걸려 있는 현판은 탁본이다. 조금 아쉽기는 했지만 한편으론 도난당하는 것보다는 낫겠다 싶다.

집을 대변하는 현판

별채 칠류헌(七柳軒)으로 갔다. 이 건물의 용도는 손님이 오면 모시는 장소, 즉 영빈관이다. 다과도 베풀고 숙박도 하는 공간으로 본채와 완전히 분리해 손님이 안채의 사정을 알 수 없게 했다. 손님이 굳이 안주인에 미안한 마음 갖지 않고 편하게 식사할 수 있게 배려한 것이다. 이 집에도 현판이 여러 개 있었다. 주 현판 칠류헌 외에 또 다른 글씨의 칠류헌 현판이 있었다. 위쪽 현판은 쓴 사람을 알 수 없고 아래쪽은 아까 본 오세창의 '존양재'와 같은 필체였는데, 아니나 다를까 오세창의 글씨다.

'칠류'는 말 그대로 풀어보면 '일곱 그루의 버드나무'다. 강 선생은 '칠(七)'은 천지운세가 '월화수목금토일'처럼 순환하듯이 조선왕조 국운이 하루빨리 회복되기를 기원하는 의미라고 했다. 또 '류(柳)'는 우국충신 도연명을 상징하는데, 도연명이 자신의 집 주위에 버드나무 다섯 그루를 심은 데서 따와 일곱 그루의 버드나무로 나라를 생각했다고 한다. 한편 중국의 주자학자 주희(1130~1200년)가 쓴 '어약해중천(魚躍海中天)'도 있다. '물고기가 바다에서 뛰어 하늘로 오른다'라는 뜻인 만큼 의미심장해 보인다.

'예(禮)가 아니면 보지도 듣지도 말도 행동도 하지 말라'는 뜻의 옥람 한일동 선생이 쓴 '사물재(四勿齋)' 현판과, 영친왕의 서예 스승인 해강 김규진 선생이 쓴 '백석산방(白石山房)'도 있다. 이는 '선비가 여유롭게 거처한다'는 의미다.

뜻밖의 현판 투어는 여행의 또 다른 묘미였다. 현판의 수려한 필체를 감상하니 예술이 되었고, 그 뜻을 새겨보니 사람답게 살기를 가르치는 인문학이 되었다. 현판은 곧 그 집을 대변했다. 선비들은 집을 소중히 했고 그 의미 또한 중시했다. 이는 스스로의 격을 높이는 자존심이자 몸과 마음을 가지런히 하려는 '선비정신'이었다. 당대 최고의 권력자와 명필가들이 선비사회에 일종의 '필체 재능기부'를 하며 교류했던 것이다.

알람 대신 닭 울음소리가 깨우는 새벽

한옥 공부를 마치고 저녁식사 후 방으로 돌아오니, 그 사이 숙박하러 온 사람들의 웃음소리가 마당으로 흘러나왔다. 내가 묵은 방은 작았다. 컴퓨터도 없고 TV도 없었다. 현대식 기기라고는 형광등과 내가 가져온 휴대전화, 카메라뿐이다. 화장실과 샤워장은 밖에서 공용으로 써야 해서 불편했지만, 이 정도의 불편은 감수하는 것이 이곳에서 하룻밤 묵는 맛이다. 가는 못에 문고리를 걸고 누우니 기분이 묘했다. 적막감이 감돈다. 얇은 한지를 바른 문이 안과 밖을 구분할 뿐이었다.

　새벽 동창이 밝아올 무렵, 알람 대신 멀리서 들려오는 수탉의 힘찬 울음소리에 잠을 깼다. 자연의 소리를 들으니 기분도 상쾌하고 더 정겹다. 저녁에 따뜻했던 온돌은 밤사이 식어서 조금 미지근했다. 한옥은 딱 필요한 만큼만 온기를 주었다.

남원 광한루원

춘향과 몽룡이 만난 아름다운 정원

춘향의 고향, 남원

하늘나라에 사는 옥황상제의 궁전이 이 땅에 살며시 내려왔다. 아름다운 월궁(月宮)과 은하수, 그리고 신선이 모인 삼신산이 있는 옥경(玉京)이다. 그 작은 천체 우주 속에 불쑥 뛰어들어온 성춘향이 또래 아이들에게 '몰매'를 맞았다. 이유는 단 하나, 얼굴이 안 예쁘다는 것 때문이다.

"춘향이 안 예쁘다, 그치 그치?" "그러게, 누가 예쁜대? 춘향이 눈이 너무 작아." "조선시대에는 춘향이가 예쁜 여자였대. 옛날 미인은 저랬나 봐."

오랜 시간이 흐른 지금, 16살 또래들이 말하는 춘향이의 모습(영정사진)에 대한 평가다. 50명쯤 되는 중학생들이 남원 광한루원으로 단체여행을 와서 너 나 할 것 없이 모두 춘향이의 외모 평가에만 열을 올렸다. 목청을 높인 학생들 중에 "예쁘다."라는 말은 한 마디도 없다.

성춘향은 1675년(숙종 1년) 음력 4월 8일, 남원부의 퇴기 월매의 딸로 태어났다. 16세가 되던 단옷날에 이 고을 사또의 아들인 이몽룡과 광한루에서 처음 만나 사랑을 맺는다. 이도령이 아버지를 따라 한양으로 떠난 후 춘향은 후임 사또 변학도로부터 수청을 들라는 명을 거절하다 온갖 고초를 겪게 되고, 죽기 직전 이몽룡이 '암행어사 출두'를 외치며 춘향과 재회해 해피엔딩을 맞는다.

사랑을 이루고 싶다면 오작교를 건너라

성춘향과 이몽룡 이야기의 배경지인 남원 광한루원은 '대한민국 로맨스 1번지'라 불러도 부족함이 없다. 이들이 퍼뜨린 사랑의 기운은 수백 년이 지난 오늘날 이곳에 오는 사람들의 마음속에도 영원한 사랑의 바이러스를 침투시키고 있다.

이 사랑의 바이러스가 얼마나 강한지를 광한루원에서 만난 남원의 한 주민이 자신의 사례를 자랑스럽게 이야기해주었다. 예순을 넘긴 김희상 선생은 대학시절 처음 사귄 여자친구와 바닷가에 놀러갔다가 이유도 모르고 싸운 후 헤어졌다. 첫사랑의 아픔이 채 아물기도 전에 새로운 여자친구를 만났다. 이번에는 멋진 바닷가가 아닌 고향마을

광한루원의 오작교를 건너며 데이트를 즐겼다. 그러고는 졸업과 동시에 그 여자친구와 결혼했다. 김 선생은 이것이 오작교의 힘이라고 자랑했다.

이제 광한루원을 찾는 사람들에게 김 선생은 외친다. "꼭 사랑을 이루고 싶은가? 그 남자 혹은 그 여자를 놓치고 싶지 않다면 당장 손을 잡고 오작교를 건너보라. 그러면 반드시 결혼하게 된다."라고 말이다.

김 선생은 말을 더 잇는다. "사랑이 무뎌진 부부라도 1년에 한 번씩은 남원의 오작교를 함께 거닐며 춘향과 몽룡을 생각하면 부부 간의 사랑이 더욱 돈독해진다. 이혼도 막아주는 다리다."라며 목청을 높인다. 대신 "정말 헤어지고 싶은 상대라면 이곳에 절대로 오지 마라."라는 말도 잊지 않는다.

광한루원은 광한루(廣寒樓)라는 누각이 있는 정원이다. 정원의 규모가 2만 평에 달한다. 흔히 '광한루'라고 말하기도 하지만 엄밀히 이야기하면 광한루는 광한루원이라는 정원 속의 하나의 누각일 뿐이고, 넓은 잔디밭과 연못, 오작교, 춘향사당, 월매집 등 다양한 집합체가 모여 광한루원을 이루고 있다. 선비들의 누각에서 출발한 광한루원은 성춘향과 이몽룡으로 인해 '사랑의 정원'으로 거듭난 것이다.

하늘의 궁전, 사랑의 정원

명품 정원 광한루원은 세종 원년(1419년) 황희 정승이 세종의 맏형인 양녕대군의 폐출불가를 주장하다 선왕 태종의 노여움을 사 남원으로 유배와서 지으면서 시작되었다. 남원에 온 황희 정승은 슬픔을 달래려고 이곳에 광통루(廣通樓)를 짓고 풍류를 즐겼다. 이후 세종 16년 (1434년) 남원부사 민여공이 중수해 오늘날과 같은 규모의 누각이 되었다.

1437년에는 부사 유지례가 단청을 했고, 세종 26년(1444년) 하동부원군 정인지가 이 누각에 올라 "호남의 승경으로 달나라에 있는 궁전 광한청허부(廣寒淸虛府)가 바로 이곳이 아니던가."라고 감탄한 나머지 이름을 줄여 광한루라고 해 오늘에 이르게 되었다. 이 광한루가 '하늘의 궁전'인 셈이다.

1461년 부사 장의국은 광한루를 보수하고, 요천의 맑은 물을 끌어다가 하늘나라 은하수를 상징하는 연못을 만들었다. 은하수인 그 연못을 가로지르는 다리가 오작교다. 까막까치가 모두 모여 견우와 직녀가 만날 수 있게 자신들의 몸으로 다리를 놓아준 바로 그 오작교다.

그러니 광한루원은 천체 우주의 축소판인 정원이다. 견우와 직녀의 사랑은 조선시대 때에는 감히 상상도 할 수 없었던 신분의 벽을 뛰어넘은 이몽룡과 성춘향의 사랑과 흡사하다. 그러니 오작교를 한 번 건너면 뗄 수 없이 질기고 단단한 사랑이 이루어진다는 것이다. 오작교는 1582년 처음 조성한 모습을 그대로 유지하고 있다. 현재 폭 2.4m, 길이 57m로 4개의 구멍을 가진 우리나라에서 가장 긴 무지개다리(홍예교)다.

광한루는 1597년 정유재란으로 소실된 후 1626년 당시 우의정 상촌 신흠의 아우인 남원부사 신감이 복원해 오늘에 이르렀다. 이후 정

광한루원

조 때 익랑(翼廊)이라 불리는 2칸 건물이 측면에 건립되었고, 익랑에는 온돌을 놓아 추운 날에도 사용할 수 있게 했다.

광한루는 우리나라 최초로 현관의 개념을 도입해 특별한 의미가 있는 건물로 주목받는다. 1877년(고종 14년) 본관이 북쪽으로 기울어지자 균형을 잡기 위해 수지면 고평리에 사는 추대목이 북쪽에다 누각을 오르는 계단을 만들었다. 그런데 본관과 같이 크고 아름답게 설치해 매우 화려한 작품이 되었다. 이 우연은 우리나라 누각 최초의 현관이 되었다. 건물사적으로도 큰 의미를 지니는 '작품'이 된 것이다.

하지만 치욕도 있었다. 일제강점기인 1910년부터 18년 동안 일본의 문화말살정책의 일환으로 누각 마루 위는 재판소로, 누각 마루 아래는 감옥으로 사용되었다. 이때 이곳에 재판소와 감옥을 만들었던 아픈 흔적이 아직도 곳곳에 남아 있다.

보물 제281호인 광한루의 전·후면에는 '호남제일루(湖南第一樓)' '광한청허부(廣寒淸虛府)' '계관(桂觀)'이라는 현액이 걸려 있다. 호남제일루는 말 그대로 '호남에서 제일가는 누각'이라는 뜻이며 광한과 청허부는 하늘나라 월궁의 궁전 이름이며 '광한 청허지부'라는 신화적 전설을 상징하고 있다. 계관은 달나라의 계수나무 신궁을 상징한다.

광한루 누각 옆에 있는 '성안의(成安義) 비석'은 이몽룡의 모델이 된 암행어사 성이성(成以性)의 아버지 비석이다. 1607년 성안의가 남원부사로 부임할 때 13살이던 성이성은 17살까지 남원에서 자라며 이곳에서 실제로 춘향과 밀월을 나누었다는 사실이 새롭게 밝혀졌는데, 이 비석은 성안의 부사의 선치(善治)를 감사하는 마음을 담아 주민들이 송덕비로 세웠다.

춘향의 절개, 일본인의 마음도 빼앗다

춘향의 모습은 춘향사당에서 볼 수 있다. 사당은 1931년 일제강점기에 남원의 유지들이 주축이 되어 권번(일제강점기 때 기생들의 조합을 이르던 말)의 기생들과 힘을 합해 기금을 모으고 당시 개성·진주·평양·동래·한양 권번들의 협조로 민족의식을 살리고 춘향의 절개를 이어받고자 공사를 시작했다. 그해 6월 20일 단오날 준공식과 함께 최초로 춘향제사를 올렸다.

그런데 일본인들은 이상하리만큼 춘향의 사당을 훼손하려 들지 않았다고 한다. 한 남자 때문에 목숨을 건 절개가 일본인의 마음도 사로잡은 것이 아닌가 하는 것이 함께 둘러보던 이정화 선생의 설명이다.

정문에는 '단심(丹心)'이라 쓰여 있는데, 이는 춘향의 '일편단심'을 뜻한다. 안으로 들어서면 사당 정면에 김태석이 쓴 '열녀 춘향사(烈女春香祠)'라는 현액이 걸려 있고, 사당 안에는 춘향의 영정이 모셔져 있다. 여기서 축원을 빌면 백년가약이 이루어진다고 한다.

눈여겨볼 것은 춘향의 모습뿐만이 아니다. '열녀 춘향사' 현판 아래의 자라 등 위에는 토끼 모양을 조각한 것이 있는데 관심 있게 보지 않으면 놓치기 쉽다. 조각 형상은 '수궁가'를 소설화한 『별주부전』에 나오는 자라와 토끼를 상징한다. 자라는 죽음을 무릅쓰고 토끼의 간을 구하러 육지로 나오는 충신을 상징하고, 토끼는 번득이는 기지로 용궁을 탈출해 살아남은 지혜를 상징한다. 이는 암울했던 일제강점기를 이겨내려는 선조들의 깊은 뜻이 담겨 있다.

광한루 누각 앞에는 연못과 섬, 삼신산 등이 있는데 이는 신선의 세계를 표현했다. 우리나라에서는 한라산을 영주산, 지리산은 방장산, 금강산은 봉래산이라고 해 삼신산으로 부르고 있다. 완월정(玩月亭)은 1971년 연못 위에 신축한 2층 누각이다. 전설에 따르면 완월정은 지상인이 달나라를 즐기기 위해 만든 것이라고 한다.

이도령이 춘향과 백년가약을 맺었다는, 그래서 귀에 익은 월매집은 1989년 기존의 월매집을 철거하고 새로 조성했다. 원전에 의거해 춘향의 어머니 월매의 이름을 따서 월매집이라 했고, 춘향과 이도령이 백년가약을 맺은 부용당과 행랑채를 재현해놓았다.

괴산 산막이옛길
걷다 보면 나는 '자연'이 된다

청정 자연 속 '신산책로 1번지'

발 아래는 천 길 호수, 머리 위는 쏟아질 것만 같은 절벽산이 병풍처럼 드리운 허리춤쯤에 실낱같은 오솔길이 그림처럼 펼쳐져 있다. 멀리서 바라보면 중국의 험준한 교역로인 차마고도(茶馬古道) 느낌이다. 그 길을 걸어가야 오지마을에 닿는다.

이 오솔길 10리(약 4km)는 청정 자연 속 '신(新)산책로 1번지', 괴산 산막이옛길이다. 산막이옛길은 1957년 남한에 처음으로 수력댐을 건설한 괴산호를 사이에 두고 괴산군 칠성면 외사리 사오랑마을과 산골 산막이마을을 잇는 길로, 걷기 좋게 복원해놓은 트레킹 명소다. 남녀노소 누구나 운동 삼아 걷거나, 대화를 나누거나 사색하며 가볍게 걸

을 수 있는 길이다.

2011년 11월 산막이옛길이 정식 개장하면서 관광객이 폭발적으로 늘고 있다. 산막이옛길을 걷노라면 산과 호수, 기암괴석이 한 치의 방심도 허용치 않는다. 겨울에는 큰 도로에서 마을로 진입하는 좁은 길에 눈이 제법 쌓인다. 출발지인 주차장에서 언덕을 넘어서면 카페가 나온다. 이곳에 있는 익살스럽고 귀여운 돌조각이 웃음을 자아내게 한다. 오줌싸개 소년과 턱을 두 손으로 괴고 앉아 행복한 미소를 짓는 소녀상이 특히 눈길을 끌었다. 주인이 이 명당 터를 사서 내려왔는데 대한민국 1%의 길지(吉地)라고 자랑한다.

주차장에서 산막이마을 구간 주변에는 무려 24개의 볼거리가 있다. 등산로에 2개가 더 있어 총 26개가 있다. 출발하자마자 만나는 연리지(連理枝)는 두 그루의 나무 줄기가 서로 붙어서 자라는 사랑나무다. 100번 찾아오면 소중한 사랑을 보장한다고 한다. 많은 사람들이 소원을 기원하며 명패에 소망 글을 적어 울타리에 걸어두었는데 그 수가 셀 수 없이 많다.

산책길 속 숨은 이야깃거리

고개를 넘어서면 아주 특이한 소나무 한 쌍이 있다. 바로 '정사목'이다. 남자 소나무와 여자 소나무가 사랑을 나누는 자세로 자라고 있다. 무척이나 그럴싸하다. '지구상에서 유일하게 사랑을 나누는 소나무'라는 팻말까지 있어 흥미를 불러일으킨다. 나는 이것을 '19금(禁) 소나무'라 부르고 싶다. 천 년에 한 번, 10억 그루에 한 그루 정도 나올 수 있는 음양수라고 한다. 나무를 보면서 남녀가 함께 기원하면 옥동자를 잉태한다는 재미있는 이야기가 있다. 오솔길에서 20m 정도 산 쪽으로 올라가야 볼 수 있는데 자칫하면 놓칠 수 있다.

갈증이 날 즈음에 약수터가 나타났다. 중간 지점에 있는 '앉은뱅이 약수'다. 옛날에 앉은뱅이가 이 약수를 마시곤 병이 나아 걸어서 갔다는 이야기가 있다. 수질이 좋고 약수도 연중 펑펑 쏟아진다. 나무 밑동 사이로 호스를 끼워 마치 나무가 물을 뿜어내듯 만들었다.

조금만 더 가면 호수 위로 난간을 설치하고 바닥은 유리로 깐 '고공전망대'가 나온다. 끝에 다가서면 살짝 오금이 저려온다. 아주 먼 옛날이야기 같지만 1968년까지 실제로 호랑이가 살았던 호랑이굴도 생생하게 남아 있다.

40~50분 걸어 산막이마을에 도착했다. 이 마을 사람들이 어떻게

살아왔고 지금은 어떻게 살아가고 있는지 궁금했다. 한참 두리번거리다 마침 손짓하는 할머니 댁으로 들어갔다. 이 동네에는 최근 주민이 새로 들어와 10여 가구가 있는데 대부분 음식점을 하고 있다. 내게 손짓하셨던 이강순 할머니도 '하얀 집'이라는 식당과 민박을 운영하셨다.

터줏대감 이강순 할머니의 일생

내가 만난 이강순 할머니는 이 마을 터줏대감이었다. 20살에 강원도 횡성에서 이곳으로 시집와 60년 이상 살면서 한 번도 이곳을 떠난 적이 없다. "여기서 사시는 게 어떠셨나요?"라고 묻자 한숨부터 쉬신다. "말도 마. 보통 고생이 아니었지." 하면서 말을 잇는다. 댐이 생기기 전에는 15가구가 있었다고 한다.

마을을 빙 두르고 있는 산과 호수에 갇혀 살기를 수십 년…. 30리 되는 괴산 읍내 장터 나들이조차 1년에 한 번 갈까 말까라고 했다. 외부 세계와 완전히 단절된 딴 세상 사람이었다. 장 보러 가는 일도 길이 험해 남자가 가고 여자는 그저 밭일이나 해야 했다고 한다. 일이 힘들지만 여기서는 외부 일손조차 구할 수 없는 동네라 해 뜨기 전부터 일을 시작해 달이 져야 끝났다고 했다.

할머니는 4남 5녀를 두셨다. 억척스럽게 담배 농사를 지으며 두 아들을 대학에 보낸 것이 큰 보람이었다며 웃으신다. 동네에 논이 없어 1년 내내 쌀밥은 구경도 못 하고 꽁보리밥과 고구마 등이 주식이

괴산 산막이옛길

었다.

벽지(僻地)에 계시는 할머니라고 믿기지 않을 만큼 곱고 세련미까지 넘치는 모습에 흠칫 놀랐다. 말씀도 곧잘 하셨다. "사진 찍어도 괜찮을까요?"라는 말이 떨어지기 무섭게 오른손으로 'V'자를 그리신다.

큰따님이 점심으로 버섯찌개를 권했다. 산에서 직접 따온 버섯이라고 소개했다. 1인분을 시켰는데 2인분의 양을 주시면서 다 먹고 가라고 하신다. 할머니는 밥 먹는 내내 옆에 서서 "밥 더 줄 테니 다 먹고 가." 하며 권하신다. 찌개가 무척 맛있었지만 더 먹을 수가 없었다.

꽃 피는 봄이 아름다운 동네이니 그때 또 오라고 하시는 할머니 말씀에 꼭 그러겠다고 답하며 발걸음을 옮겼다. 할머니는 내가 보이지 않을 때까지 문 앞에서 손을 흔드셨다.

꽃 피는 봄 다시 찾은 산막이옛길

그렇게 헤어지고 약속대로 꽃 피는 봄에 다시 찾았다. 이번에는 산행으로 길을 택했다. 산막이옛길은 호수변 오솔길 걷기, 산행으로 2~3시간 코스 걷기, 호수 유람선으로 가는 길, 이렇게 세 가지 길이 있다. 두 차례 여행에서 유람선만 빼고 산행과 오솔길을 걸었다.

1월의 설경도 아름다웠지만 5월의 초록이 더욱 멋졌다. 해발 450m 등잔봉으로 오르는 길은 처음부터 가파르다. 호수를 등지고 서쪽 가파른 산을 10여 분 오르니 절로 숨이 찬다. 호수와 맞은편 산을 바라보며 5분간 휴식 후 다시 걷는다. 완전히 숲속이다. 풀 내음, 송진 냄

등잔봉에서 보이는 한반도 지형

새가 코를 자극한다. 심호흡을 하며 맑은 공기를 마음껏 마시고 서서히 오른다. 간간이 밧줄도 마련되어 있다.

걷는 도중에 멋진 소나무 한 그루를 발견했다. 노루샘에서 등잔봉으로 오르는 오솔길의 6~7부 능선 길 왼쪽 경사지에 여러 나무와 섞여 있는 한 소나무가 양쪽 가지로 하트 모양을 그리고 있는 모습이다. 양팔을 들어 하트 모양을 만드는 사람의 모습과 똑같다. 그래서 이름을 지어주었다. "우리 함께 하트 그려요."라고 외치는 형상이니 '하트 송(松)'이라고 말이다. 그런데 한쪽 가지는 힘에 부쳐 다 못 들어 올렸다. 사랑은 나 혼자가 아니라 옆에서 누군가가 배려해주면서 함께해야 아름답게 완성되는 것임을 나무가 말해주고 있었다.

등잔봉에서 바라본 한반도 지형

잠시 앉아 땀을 식히고 다시 오르니 등잔봉이다. 등잔봉까지 오르는 데는 약 40분 정도 걸린다. 등잔봉은 옛날 한양으로 과거 보러 간 아들을 위해 등잔불을 켜놓고 100일 기도를 올려 효험을 봤다 해서 붙여진 이름이다. 지금도 그 효험이 있다 해 사람들이 찾는다고 한다.

높은 곳에 오른 만큼 호수와 산, 그리고 주차장 쪽 풍경이 무척 아름답다. 초록길을 걸으며 이곳에서 자랑하는 한반도 지형도 내려다볼 수 있으니 보는 즐거움이 더했다. 한반도 지형이라고 보기에 조금은 억지스럽다고 생각했지만 아름다운 경치임에는 틀림없다. 그 수려한 'S'자 곡선의 호수 위로 유람선이 흰 그림자를 끌고 유유히 지나간다.

그렇게 걸어 이강순 할머니를 다시 찾았다. 다시 오겠다는 약속을 지킨 것이다. 경치가 아름다운 마을, 할머니의 인심도 아름다운 마을로의 여행이 심신을 정화시켰다. 산막이옛길에는 다른 곳에서는 찾기 힘든 다섯 가지 즐거움이 있다. 산책, 등산, 유람, 여행, 그리고 자유다.

여수 오동도
연인들의 이야기가 소곤대는 사랑의 섬

마음에서 피는 동백꽃

오동도 동백 군락지는 한 여인의 이야기에서 시작되었다는 설화가 있다. 오동도 바닷가에서 행복하게 살던 어부 부부가 있었다. 어느 날 남편이 조각배를 타고 고기잡이를 나간 사이 집에 도둑이 들어 예쁜 아내를 겁탈하려 했다. 놀란 아내는 죽을 힘을 다해 달아났으나 작은 섬의 '막다른 골목'은 바닷가 절벽이었다. 아내가 쫓아오는 도둑에게 잡히려는 순간, 더 이상 달아날 곳이 없자 바닷물 속으로 뛰어들었다.

돌아올 수 없는 곳으로 떠난 아내 때문에 남편은 한없는 슬픔에 빠졌다. 숨진 아내를 해안가 절벽에 눈물로 묻었다. 그런데 이듬해 봄이 되자 그 자리에는 예쁜 동백꽃이 피었다. 남편을 애타게 기다렸던 아내의 마음이 빨간 동백(冬柏)으로 환생한 것이다.

동백은 꽃이 세 번 핀다고 한다. 나무에서 한 번, 땅에 떨어져서 한 번, 그리고 여인의 마음속에서 한 번. 그래서 '여심화(女心花)'라고도 부른다. 그래서일까? 동백꽃의 꽃말은 '그대를 누구보다도 사랑합니다.'이다. 또한 애절한 기다림과 절개의 의미도 갖고 있다.

동백꽃의 백미는 꽃송이가 떨어져 바닥에 빨간 양탄자를 깔아놓은 듯한 모습일 때다. 동백꽃은 나무에서 가장 빨갛게 빛을 발한 후 땅바닥에 꽃송이째 툭 떨어지는데, 이 꽃잎들이 쌓인 풍경까지 봐야 동백의 참된 멋을 알 수 있다. 동백의 사랑스러운 자태는 꽃잎이 져서도 그만큼 정열적인 풍경을 한 번 더 연출한다. 그리고 여인의 가슴속에 묻힌다.

오동도 절벽

여수 오동도

동백은 겨울과 이른 봄에 핀다. 이 계절에는 벌과 나비가 없는데 어떻게 수정을 해서 자손 나무를 번식할까? 동백의 수정은 동백나무를 사랑하는 동박새가 맡아서 한다. 긴 부리로 꿀을 뽑아 먹고 꽃가루를 옮겨준다. 이렇게 동박새도 노동력을 제공하며 식사를 했으니 세상에 공짜란 없다는 것을 새에게서도 배우는 듯하다. 이처럼 동박새가 수정을 돕는다 해서 동백꽃을 '조매화(鳥媒花)'라고도 한다.

아름다운 꽃은 이렇게 별칭도 많다. 또 군락을 이룬 동백섬도 많다. 부산, 여수 오동도, 충남 서천에도 동백섬이 있고, 경남 거제도의 지심도도 동백섬이라 부른다.

신이 만든 하트섬, 이젠 '연인들의 섬'

오동도(梧桐島)는 면적 0.12km²에 해안선 총 길이 14km로 우리나라의 대표적인 '사랑의 섬'이다. 연인들의 데이트 장소로 이미 유명세를 탄 이곳은 '연인들의 섬' '바다의 꽃섬'으로도 불린다. 위성사진이 없던 옛날, 조상들은 높은 곳에서 본 섬의 모양이 오동나무잎처럼 생겼다고 해서 '오동도'라 이름 지었다.

그런데 지금 하늘에서 내려다보면 오히려 하트 모양을 하고 있으니, 이건 정말 '사랑밖에는 아무것도 말할 수 없는 섬'이다. 옛날에는 이곳에 오동나무도 많았다고 한다.

여기에 또 하나의 전설이 있다. 고려 공민왕 때 신돈이 오동나무가 무성한 오동도에 여수의 봉산·봉계·구봉산·쌍봉·비봉·금봉산에 사는 봉황새가 자주 날아든다는 말을 전해 들었다. 봉황은 임금을 상징하는 새인지라, 그 새가 오동도에 드나드니 이곳에서 새로운 임금이 나올지도 모른다는 불길한 징조로 여겼다. 그도 그럴 것이 오동도는 전라도에 있고, 전라도의 '전(全)'에는 '임금 왕(王)' 자가 들어 있으니 신돈은 '혹시 오동도에서 임금이 나오지 않을까.' 하는 두려움이 컸다. 이 불길한 생각 때문에 신돈은 오동도에 다시는 봉황이 날아들지 못하도록 오동나무를 모조리 베어버렸다고 한다.

연간 150만 명이 찾는 섬 오동도는 푸른 바다와 숲, 그리고 사랑의 기운을 전해주는 섬으로 사람들에게 사랑받고 있다. 한려해상 국립공원의 시발점이자 종착역이기도 한 아름다운 섬이다.

섬으로 들어가는 768m의 방파제길은 '한국의 아름다운 길 100선'에도 꼽힐 만큼 아름답다. 걸어서 갈 수도 있고 동백열차를 타고도 갈 수 있다. 하지만 그보다 방파제 입구의 오른쪽 선착장에서 유람선을 타고 먼저 바다에서 섬을 감상한 후, 오동도에 내려 걸어서 나오는 것도 좋은 방법이다.

다양한 전설이 가득한 곳

섬 곳곳에는 신우대가 터널을 이룰 만큼 울창하다. 신우대 터널 또한 하트 모양을 이루는데 이곳은 연인들의 추억의 장소로도 각별하다. 이곳에서 자라는 신우대는 특별한 의미가 있다. 완만한 마디가 인생살이에서 어려움이 닥칠 때 원만하게 지나가도록 한다고 해서 신혼부

오동도

부 등 많은 관광객들이 연초에 오동도 신우대 마디를 만지면서 무사 안녕을 기원한다.

이 신우대는 충무공 이순신 장군과 얽힌 이야기도 있다. 이순신 장군이 최초로 수군 연병장을 만든 곳이 이곳 오동도였는데, 여기서 자라는 신우대로 화살을 만들어 왜군을 물리쳤다는 이야기가 서려 있는 식물이다.

신우대 터널을 지나면 후박나무와 동백나무 군락지가 잇따라 나온다. 맨발공원 위쪽에는 비목이라는 사랑나무가 있다. 왼쪽의 큰 나무가 남자나무, 오른쪽의 작은 나무가 여자나무다. 이 사랑나무에서 사랑하는 사람끼리 소원을 빌며 지나가면 그 소원이 이루어진다고 한다. 그래서 이 나무를 '사랑의 언약식 나무'라고도 부른다.

야트막한 산은 전체가 공원이다. 등대 가는 길, 용굴 가는 길 등 각 코스별로 고목숲길을 따라 걷다 보면, 높이 25m의 등대 전망대를 중심으로 테마공원을 온몸으로 즐길 수 있다.

오동도는 해돋이 명소로도 유명해 등대 전망대에서 일출을 만끽할 수 있다. 음악 분수대, 맨발공원과 동방파제, 여러 곳에 산재한 해변의 굴과 기암절벽, 자연 숲터널식 산책로 사이의 동백, 후박나무, 곰솔(해송), 신우대(신이대) 등 418여 종의 식물이 자라는 오동도를 거니는 데 2시간 정도 걸리지만 지루함을 느낄 겨를이 없다. 해안가 광장에는 거북선과 판옥선이 있고 그 옆에는 음악분수쇼가 펼쳐진다. 동파 우려로 동절기(12월~다음 해 2월)에는 운영하지 않고 있지만 봄날이면 분수와 음악, 그리고 빛의 향연으로 '여수 밤바다'의 추억을 만들어준다.

아름다운 여수의 전경

이순신 장군도 감탄한 여수 특산품

오동도 가까이에는 다양한 명품 관광지와 음식들이 많아 매력적이다. 진남관은 1598년(선조 31년) 전라좌수영 객사로 건립한 건물로, 임진왜란과 정유재란을 승리로 이끈 조선 수군의 중심 기지였다. 역사적·학술적·예술적 가치가 뛰어난 건물이므로 눈여겨볼 만하다. 또 아름다운 여수 밤바다를 수놓은 돌산대교의 야경과 바닷가 절벽 위의 향일암은 놓칠 수 없는 아름다운 사찰이다.

독특한 먹을거리도 많다. 오래전부터 예를 갖추어 손님에게 대접했다는 '서대회'를 꼭 먹어보자. 수심 70m 이내의 바닥에 모래가 섞인 개펄에 서식하는 생선으로 여수를 중심으로 한 남해안 중서부 지방의 명물이다.

이순신 장군도 감탄한 '군평서니'는 우리에게는 조금은 낯선 생선이다. '금풍쉥이'라고도 부른다. 이순신 장군이 즐겨 먹었는데 이 생선의 이름을 몰라 관기 평선의 이름을 따서 부르는 바람에 군평서니라는 이름으로 불렸다. 여수 사람들이 굴비보다 값을 더 매긴다는 군평서니는 다른 지역에는 없는 여수의 특산품이다. 군평서니를 우스갯소리로 '샛서방 고기'라고도 부른다. 옛날 바람난 아내가 남편에게도 아까워서 주지 않고 새 서방에게만 몰래 차려주었다는 맛 좋은 고기다. 이 외에도 맛도 좋고 건강에도 좋은 '돌산 갓김치'도 빼놓을 수 없는 자랑거리다.

여행지 탐방과 사진 제공에 도움을 주신 분들

전주	조영호 김남규 김명례 김순석 강현희 안명자 송은정
제천	고광호 심상일 여은희 황금자 김명숙 안길상 김태권 박정우 제천시청관광과
공주	주진영 이미영 구영본 안영순 홍정희 유영자 공주시청관광과
영주	김주영 전병일 정달완 김광호 이용극 박수동 최인희 박경희 소수박물관
부여	유승민 차정은 김선화 이미영 윤순정 차선미 최미선
담양	김용필 이성옥 조정숙
문경	고윤환 안태현
광양	홍쌍리 정유인 박인수 박양자
봉화	김동현 강백기 성기호 봉화군청기획감사실
영월	엄기평 김원식 영월군청문화관광과
예천	서재영 정재윤 박용성 예천군청문화관광과
해남	정근순 김용희 전희숙 해남군청기획홍보실
순천	강민 김민정 순천시청홍보전산과
단양	이해송 이승오 단양문화원
고창	법만스님 진영호 강신교 강복남 유영난 고창군청문화관광과
합천	정인룡 공기택 이정열 이동실 합천군청관광개발사업단

남해	정지은 남해군청문화관광과
구례	강순금 신연숙 구례군청문화관광실
부안	임재섭 김유경 이순 부안군청문화관광과
남원	양인환 김현욱 이정화
괴산	이강순 허영란
여수	정순열 황정혜 정현자 여수시청관광과

*소속 및 존칭 생략

여행지 탐방과 사진 제공에 도움을 주신 분들

참고문헌

- 『국문학자료사전』 (이응백·김원경·김선풍 지음, 한국사전연구사, 1998)

- 『단양 한시선』 (지성룡·노승석 지음, 단양문화원, 2008)

- 『단양과 퇴계 이황』 (지성룡 지음, 단양문화원, 2008)

- 『두산백과』 인터넷판

- 『사기열전』 (사마천 지음, 민음사, 2012)

- 『신운성지』 (신운성지편찬위원회 지음, 이회문화사, 1997)

- 『옛길 문경새재』 (안태현 지음, 대원사, 2012)

- 『원문과 함께 읽는 삼국사기』 1∼3 (김부식 지음, 한국인문고전연구소, 2012)

- 『원문과 함께 읽는 삼국유사』 (일연 지음, 한국인문고전연구소, 2012)

- 『이윤기의 그리스 로마 신화』 1∼5 (이윤기 지음, 웅진닷컴, 2001)

- 『이제는 순천만에게』 (방현석·이근욱·최지애·채의병 지음, (재)2013순천만국제정원박람회조

  직위원회, 2013)

- 『조선왕조실록』 (국사편찬위원회)

- 『택리지』 (이중환 지음, 올재클래식스, 2013)

- 『한국민족문화대백과』 한국학중앙연구원 인터넷판

- 『한비자』 (왕굉빈 지음, 베이직북스, 2012)

방구석 인문학 여행

초판 1쇄 발행 2020년 9월 20일
초판 2쇄 발행 2021년 1월 7일

지은이 | 남민
펴낸곳 | 믹스커피
펴낸이 | 오운영
경영총괄 | 박종명
편집 | 이한나 최윤정 김효주 이광민 강혜지
디자인 | 윤지예
마케팅 | 송만석 문준영
등록번호 | 제2018-000146호(2018년 1월 23일)
주소 | 04091 서울시 마포구 토정로 222 한국출판콘텐츠센터 319호(신수동)
전화 | (02)719-7735   팩스 | (02)719-7736
이메일 | onobooks2018@naver.com   블로그 | blog.naver.com/onobooks2018
ISBN | 979-11-7043-119-0 03300

이 도서의 국립중앙도서관 출판예정도서목록(CIP)은 서지정보유통지원시스템 홈페이지(http://
seoji.nl.go.kr)와 국가자료종합목록 구축시스템(http://kolis-net.nl.go.kr)에서 이용하실 수 있습
니다. (CIP제어번호 : CIP2020031742)